初めて台湾語をパソコンに喋らせた男

母語を蘇らせる物語

田村志津枝
Shizue TAMURA

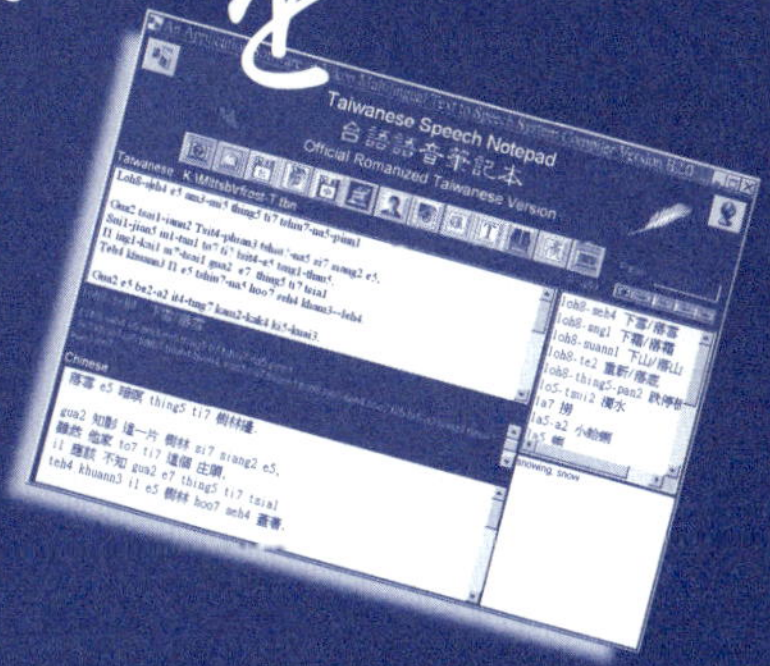

現代書館

初めて台湾語をパソコンに喋らせた男＊目次

＊本文中のふりがなは、状況に応じて台湾語・中国語・日本語読みとなっている。これ以外の読み方がされる場合ももちろんある。また引用文中の旧字は適宜新字に代えた。以上二点をお断りしておきたい。

一　ふるさと

ハンドメイドの辞書

朝十時にアロンを訪ねた。彼に会うのは二年ぶりだ。四月になったばかりだというのにここ台南の街では、日陰を求めて道路の片隅へとどんなに身を寄せても、強い日差しから逃れることはできない。ホテルを出る前に見たテレビの天気予報では、今日の気温は三十度を越えるだろうと言っていた。

にぎやかな大通りから細道に入ってちょっと坂を下ったところにあるアロンの家は、入口のドアが二重になっている。日の照りつける道路に面しているのはステンレスの重い扉だ。それを押し開けて、自転車や古机が置かれた納戸のようなところをすりぬけ、二つ目のドアを開ける。するとそこは石の床に真っ白なタイルの壁だ。だだっ広い部屋は天井が高く、上の方に小さい明かり取り窓がある。窓はそれだけだ。だから外のきつい日差しもここまでは届かない。通りの騒音も二つの扉でさえぎられ、部屋はしんと静まりかえっている。

こんなふうに熱暑に囲まれた仄明るい静けさの記憶が、私の脳のどこかにたしかに刻まれている。ここに来るたびにそう感じる。すると胸の奥からじわっと熱いものが湧いてくる。私はここ台南で生まれ、一歳を少し過ぎたばかりのころこの土地を離れてしまった。その後の六十年余りの歳月は、それなりに楽しいことも多かったし、おもしろいこともたくさんあった。そんなふうに近頃やっと思えるようになってきた。それなのになぜだろう、私の心の奥底には、ここ台南に不在であったことを悔やむ気持ちが強くあるのだ。

アロンの家のなかは人の気配が感じられない。だが時間は約束してあるのだからと、私は声もかけずに誰かが出て来るのを待った。しばらくひとりで立ち尽くして、この薄明るい静けさを味わいたい。やがてペタペタとゴムサンダルの足音が聞こえ、階段を下りて来るアロンのズボンがまず見え、そしてアロンが現れた。家でくつろいでいるせいか、アロンはカッターシャツの裾をズボンの外に出している。そんな身なりのせいだろう、ただでさえ痩せている彼がいつもよりよけいに細身に見えた。

二年ぶりの再会なのだが、アロンはまるで昨日や一昨日もこうして私と会っていたような顔をしている。「こんにちは」の挨拶もろくにせず、暑いなかを訪ねて来た私にお茶を勧めようともしない。もっとも台南で生まれ育ったアロンには、これくらいは暑いうちに入らないのだろうか。私は暑くてたまらない。一昨日に東京を発ったときとは、気温差が二十度もあるのだから。私はお茶が欲しいが、アロンもアロンの妻もなぜかお茶は飲まないらしい。台南には高山茶というあんなにおいしいお茶があるというのに。

アロンのあとをついて、奥まった仕事部屋に行った。アロンは手慣れたようすで暗がりのなかでパソコンのスイッチを入れる。そして起動するのを待つあいだに、高い位置にある小窓のカーテンをわずかにずらす。

「もう少し開けて、暗くて見えないわ」と私は言った。

「うるさいんだ。この裏に大学生向けのアパートが建っちゃったものだから」

そう言いながらアロンはスイッチに手を伸ばして蛍光灯をつけた。

私が初めてここに来たのは、もう十七、八年前になるだろうか。たしかこの部屋には裏庭に面したドアがあり、その外には木立がひろがっていた。本棚が増えたためにいまは釘付けされてしまっている裏口のドアから、夕方になるとヤブ蚊の大群が押し寄せてきたのには驚いた。アロンは戸口にバケツほどの大きさの誘蛾灯を置いた。その青白い光に吸い込まれて、蚊はつぎつぎに癇癪玉のような音を立てて絶命していった。あのときはこのあたりも静かだった。蚊が誘蛾灯に飛び込み大きな破裂音を立てて床に落ちるたび、私は思わず身をすくめたものだ。

アロンはパソコンの起動状態を確かめながら、ズボンのポケットから何やら小さいものを取り出し、明かりに向けてのぞき込んだ。バンドの取れてしまった腕時計らしい。いつだったかはおぼえていないが、彼がこんなふうにして時間を確かめるのを前にも見た記憶がある。いまは安い時計がいくらでも手に入るというのに、どんな物でもとことん使い切るのは、どうやらアロンのクセだ。

「一時間で終えよう。パソコン一台を使うだけなら、この季節の午前中だと一時間に室温の上昇は一度強だ。だが蛍光灯をつけると、気温の上昇はその六割方増すんだ」とアロンは言った。

またはじまった、と私は苦笑する。何であれ具体的な数字をあげて、表やグラフにして考えを進めていくというのも、アロンのクセだ。けれどもそういう思考が不得意な私も、しばらくは頭を切り換えて、アロンの説明を聞かなければならない。何の説明かといえば、「アロンの辞書」についての説明だ。


アロンの辞書は、いわばハンドメイドだ。ほんとうに自分の手を使って長い年月をかけて、コツコツとつくっているものだ。何の辞書かといえば、台湾語の辞書だ。そう、彼が生まれたときからずっと家族や友人と毎日喋っている言葉である台湾語の辞書をつくっているのだ。

実をいえばアロンは、私がそれを「アロンの辞書」と呼ぶのに、あまりいい顔をしない。それもそのはずだ。実際に私が手にする「アロンの辞書」はCDの形をしているが、市販のその種の辞書では見たことのない機能がたくさんある。たぶんアロンは、そうしたさまざまな機能が軽視されるような呼び名が嫌なのだろう。ではアロンはそれを何と呼ぶかと言えば、たいてい「ぼくのプログラム」あるいは「台湾語のプログラム」と言う。けれど私もいまではだいぶ慣れたが、初めて聞いたころはその呼び名はしっくりこなかった。私はコンピューターには詳しくない。毎日使ってはいるが、使い道はせいぜい原稿書きとメールのやり取り、それにインターネット電話やインターネットを利用した調べ物くらいだ。だから私が「プログラム」と言う言葉から思い浮かべるものといえば、いまだに演奏会などで配られる演目を書いたあの紙でしかないのだ。

一方でアロンはコンピューターのプログラマーだ。私の頭のなかにあるプログラマーの人物像といえば、先端技術を操《あやつ》る人らしくスタイリッシュで、効率を重んじて行動するタイプだ。だが実際のアロンは、風貌も生活スタイルもそのイメージからはだいぶ遠いような気がする。とはいっても彼は、私には訳の分からない文字や記号を書き並べて、さまざまなソフトをつくっているらしい。らしいというのもヘンだが、私たちのあいだではプログラミングのことなどふだんは話題にならないし、話したところで私には理解できないのだから仕方がない。けれどともかくアロンの辞書は、そういった複雑なプログラムをたくさん書いて、それらを組み合わせてつくられていることは間違いないのだ。作業の過程でも必要があればプログラムを書き、それによって作業能率を飛躍的に高めたりする。改訂したい箇所があれば、その作業を進めるためのプログラムをつくって改訂を加えていくのだそうだ。

私がパソコンを使うときには、誰かがつくったプログラムを、その構造や詳しい機能などは知らぬままに自分の必要に応じて利用しているわけだ。原理を知らずに手順だけをおぼえて使っている私にとっては、アロンがやっているプログラミングというのは、魔法のように不可解な領域だ。

それなのに私は、アロンが辞書をバージョンアップするたびに、数枚のCDをもらっていく。そのCDを私に渡すとき、アロンはその使用法だけでなく、バージョンアップの内容や構成に関わることまで、私に説明する。私は半分ぐらいしか理解できないと感じつつも、説明を聞き、そして数枚のCDをバッグに収めて持ち帰る。なぜかといえば、アロンが私にも一部保管しておいてくれと言うからだ。

「何かあったときのために」

とアロンはわざわざ念を押して、CDを私に手渡す。同じようにして台南市内に住む母の家にも、姉の家にも、保管してもらっているという。

横から彼の妻が、表情をほとんど動かさずにさり気なくこんなことを言う。

「この人は心配症なの。度を越えていると、ときどき思うわよ」

だがアロンは妻の言葉など耳に入らないらしい。至極真面目な顔をしている。私の目を見て、もう一度無言で念を押すかのようだ。

そうだ、何かがないとは限らない、と私は気を引き締める。想像するのも嫌だが、盗難や火災、自然災害。だがもしかしたらアロンの心のなかにあるのは、戦争や社会情勢の険悪化かも知れない。台湾語に対する弾圧が、またはじまらないとはかぎらない、と彼はたぶん本気で思っている。台湾語という言葉は実際に、逆巻く波間をただよってきたと言ってもいいほどの厳しい運命を生きてきた。

アロンの心配がほんの少しであれ感じ取れるから、私はもらったCDを大切に日本に持ち帰る。そして受け取った日付を書き込んで本棚に収めておく。今回ももらって帰る前に、いつものようにアロンの説明を聞くつもりだ。彼は、例によって私が理解できるかどうかはべつとして、こと細かく説明をするだろう。そうしないと、なぜか気がすまないらしい。

台湾語が聞こえる

アロンはパソコンの前の、尻の形にへこみができている椅子に腰かけた。そしてゆっくりとマウスを握り静かにポイントを移動させて、デスクトップにあるアイコン、ＭＬＴＴＳＢ（Multi-lingual text-to-speech）というのをそっとクリックした。

そうか、プロフェッショナルはこんなふうにマウスを扱うのか。アロンのやり方を見ながら、私はちょっといい気分だ。というのも私は、日頃からパソコン自慢の若者に怨みを抱いているからだ。パソコンというのは、ふだんはその便利さをいちいち意識もされずにひたすら酷使される。それだけにいったん何か不具合が生じると、とたんにそれはデスク上の大きいスペースを独占する邪魔な箱と化してしまう。すると仕事どころか友人とのちょっとした連絡までがとどこおる。なんとか早くパソコンを復旧したくて、若者に助けを求めることがある。すると彼らは、これ見よがしにチャッチャッとマウスやキーボードを素早く操作する。不具合の理由を知りたいと思っている私に、ゆっくりと説明しようなどという親切心は、はなから持ち合わせていないのだ。だが、ほら、見るがいい。彼らなどおよびもつかない熟練者のアロンは、マウスを握るときも、クリックするときも、キーを叩くときだって、私よりもゆっくりなのだ。たぶん私には分からぬ細かいことをひとつずつ確認しながら進めているのだろう。

私は手近な椅子を引き寄せて座り、横から画面をのぞき込んだ。

「ＭＬＴＴＳＢというのは、“Multi-lingual text-to-speech”の略なんだ」

そんなふうにアロンは、たぶん前にも何回も私に説明したであろうことを、面倒くさがるようすなどつゆも見せずに繰り返す。つまり「複数言語の文字を音声に変換する」という意味だ。これで分かるように、私がアロンの辞書と呼んでいるソフトの重要な機能のひとつは、台湾語の文字を音声に変換することなのだ。しかもアロンがつくりだしたテクニックならば、ほかの言語への応用も可能なのだという。最後にＢがついているのは「ベータ・テスト」の意味で、アロンが以前につくった同様のプログラムの改訂版ということだそうだ。

ほどなく画面に青みがかったモノクロの古めかしい写真が現れた。水牛が、深く轍《わだち》が刻まれた泥土の道を姿勢を低くして進んで行く。後ろの荷車にはサトウキビと覚しき作物がうずたかく積まれ、その上に四人もの人が乗っている。実際水牛は力持ちだ。数年前に沖縄本島のずっと先の沖合にある竹富島で、観光客を乗せた小型バスさながらの荷車を、水牛が引いて行くのを見たことがある。客たちは、ほんとうにバスに乗っているようなすまし顔で景色を眺めていた。観光に駆り出される動物はあわれだ、と思いながら私は目をそらした。けれどアロンの辞書の表紙を飾っている写真の水牛は、どうやら畑仕事の帰りらしい。水牛の両脇を数人の男女が楽しげに歩いている。

この何気ないスナップ写真は、いったいどこからピックアップしたものかと、最初にこれを見たときにアロンに訊いてみた。

「家のアルバムにあったのさ」と彼は言った。

ここに写っている父の友人たちは、このあと日本の兵隊になって戦争に行ったり、仕事の関係で台南を離れたりした。それを考え合わせると、この写真は一九四一年か四二年ころ撮られたことになるという。日本がいよいよ抜き差しならぬ戦争状態へと深入りしていったころだ。

アロンは写真の一部を、パソコンの画面ですうっと拡大してみせた。

「ほら、この笑顔。戦争が自分たちの身近にも迫ってきていた時期に、彼らは精一杯に若い日を楽しんでいたんだと思うよ」

この写真にはアロンの父と母は写っていないという。たぶん写真を撮ったのが父なんじゃないかな。父は新しもの好きだったから、当時は高価だったカメラを、裕福でもないのに無理して買って持っていたそうだ。母がいないのは、たぶんきれいな花でもみつけて、フレームから外れたんだ。

母は物静かな人だが、当時の女性としては珍しく自分で結婚相手を見つけて、自分の意志を通した。そんなふうにアロンは、自分のプログラムとはあまり関係ないお喋りもはさむ。私はむしろ、こういう話を聞くのが楽しいからプログラムの説明につきあうのだ。

「ぼくはこの写真が好きだ。父母は写っていないが、二人の若いころの楽しい思い出のひとこま、という感じがするからね」

父母ともに戦前戦後を通じて苦労の多い人生だった。アロンの辞書には、彼の家族の歴史や思い出までもが詰まっているのだ。


水牛の写真にかぶせて、タイトルが英語で書かれている。

A Special Demonstration Presented to the People Who Love Taiwan（台湾を愛する人々に贈るスペシャル・デモ）

製作者名としてアロンの名前が台湾語読みのローマ字表記で書かれている。製作時は、一九九六年十月だ。つまり、アロンはすでに十五年もの歳月を、このソフトの製作に費やしていることになる。アロンは私にしばしばこう言う。

「キミが出す紙の書籍と、ぼくがつくるプログラムとの違いは、ぼくは永久にデバッグ、つまり手直しができるということだ」

それを聞いて、私は黙ったまま内心で重い衝撃を受け止めた。私は一冊の本がやっと刷り上がって手元に届くたびに、区切りがついたことにほっとする。いささかの悔恨まじりではあるが安堵と満足を味わう。それにくらべたら、彼の仕事には永久に終わりはないということなのだろうか。

写真の上をクリックすると、アロンの声が聞こえた。台湾語だ。


チャンシウダンチレ（しばらくお待ち下さい）

と、待つまでもなく画面が変わった。明るい紺色で縁取りされた辞書のページが現れる。

「パソコンがパワフルになったから、切り替えがずいぶん早くなった」とアロンが言う。

「じゃ、この言葉はもういらないんじゃない？」と私は口をはさむ。

「そうはいかない。このソフトをウィンドウズ98で使っている人もまだ多いんだ。その場合はやはり速度はこれよりもずっと遅いからね」

アロンは相変わらずゆっくりとマウスを操作しながら説明を進めていく。

アロンの辞書には、アメリカ在住の台湾人などを含めて、それほど多くはないが固定ファンがいるらしい。彼らのなかには子供たちに台湾語を習得させるためにこれを使う人もいる。それにユーザーとしての貴重な意見も寄せてくれる。彼らはアロンや友人たちと、この辞書に採用されている台湾語のローマ字表記法を使って、メールのやり取りを楽しんでいる。台湾語がおかれている状況を知れば理解できるはずだが、現代の台湾語は喋ることはできても、書くのは難しい。書き方がきちんと定められていないからだ。だから在米台湾人である彼らにとっては、家族や親しい友人間で

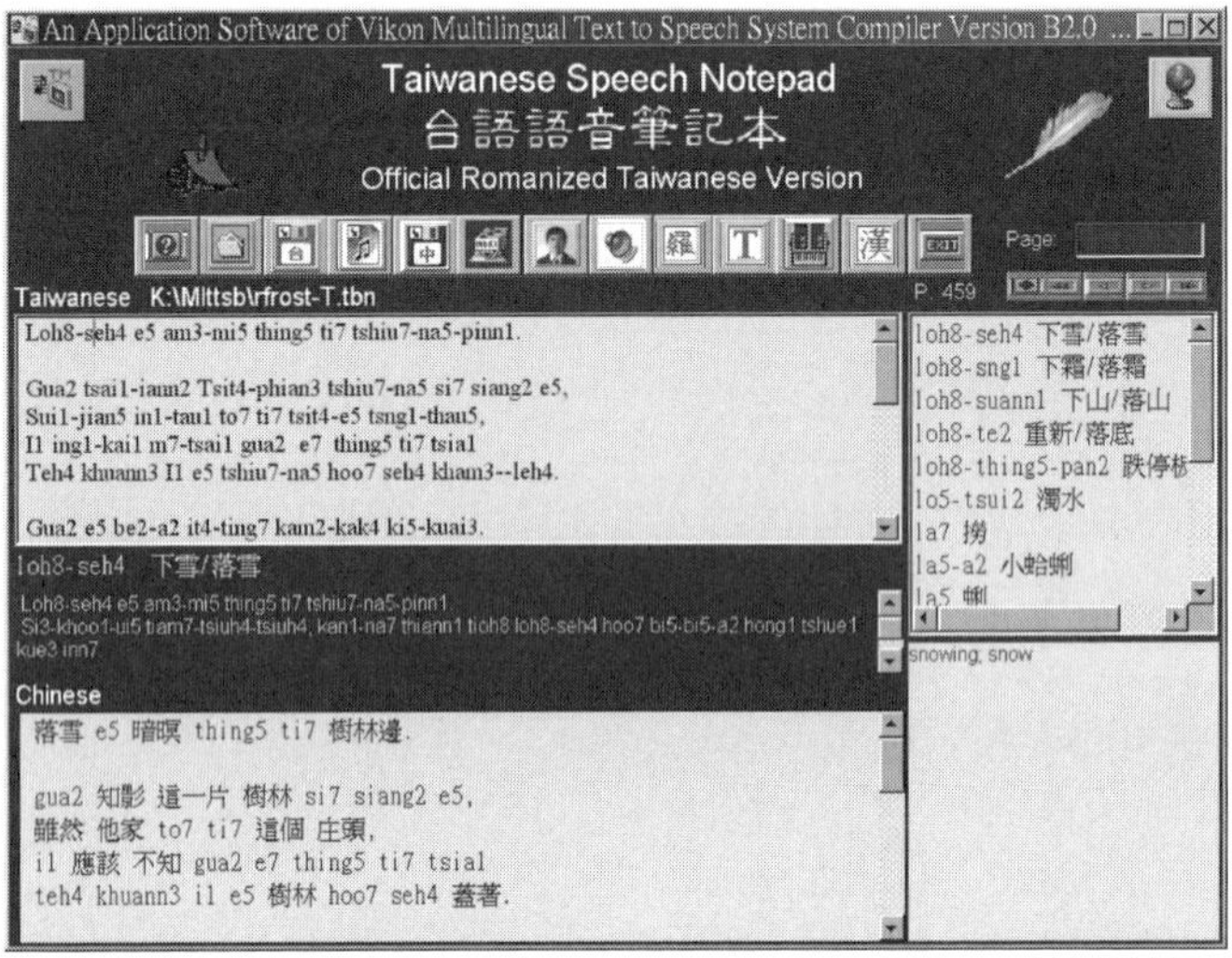

「台語語音筆記本」画面。左側3段のウィンドウは上から順番に、台湾語例文ローマ字表記、そこから任意選択した単語の例文、台湾語例文の漢字表記（不可能な部分はローマ字）。右側2段は上から、台中辞書（頁ごとに表示）、単語の英訳

ふだん喋っている台湾語を、そのまま使ってメールを交わせることは、新鮮な喜びなのだ。

さて紺色で縁取られたパソコン画面には、色とりどりのアイコンが十も並んでいて、なんだか楽しげだ。一番上にあるタイトルは、こんなふうに書かれている。

台語語音筆記本
Taiwanese Speech Notepad

タイトルの意味は「台湾語音声ノート」だ。実はアロンは最近になってタイトルを現在のものに変更した。変更前は「台湾現代文書読写系統（台湾語現代文読み書き法）」というもので、台湾語の現代文の読み書きを学ぶためのソフトということが明瞭だった。つまり、このソフトには辞書の機能はもちろん充分に

備わっている。しかし主たる目的は、台湾人が日々喋っている現代台湾語の読み書きを学ぶためのものだ。タイトル変更の理由をアロンは、一般の台湾語使用者に利用して欲しいから、学術的な感じでなく親しみやすいものにしたという。

台湾語とは何か、なぜこのようなソフトをつくる必要があるのかについて説明しておかなければならないだろう。

台湾語は、もともとは中国福建省南部の閩南語《ミンナン》（福佬語《ホーロー》ともいう）と呼ばれる言葉だ。福建省沿海部から人々が台湾に移り住みはじめたのはおよそ四百年ほど前のことで、そのとき持ち込まれた閩南語がその後の歴史のなかでいくらか変化していき、いまは台湾語と呼ばれるようになっている。台湾では彼らの子孫が住民の七割以上を占めていて、台湾語を母語としている。にもかかわらず台湾語はここ一世紀以上ずっと日常の生活語として使われるだけで、公用語になったことはなかった。というのも日本の植民地時代には日本語が国語とされ、日本の敗戦後に中国大陸から台湾に来た国民党政府は、標準中国語（俗に北京語といわれる）を国語に定めたからだ。その間台湾語は、時には蔑視され、時には使用を禁じられた。そのために台湾語は、いまだに書き方がきちんと定められておらず、いろんな表記法が混在している。このことは台湾語使用者にとっては、非常に不便なことであるはずだ。

「台湾人は、ふだん自分が喋っていることや考えていることを、書いて記録することができない状況にずっとおかれている」とアロンは言う。

とくに主として台湾語を使っている人にとっては、これは深刻な問題なはずだ。たとえばアロンの母親も、日本語や標準中国語は必要に応じてある程度おぼえたが、ふだんの生活では一貫して台湾語を使っている。

アロンも母語は台湾語だ。だが彼が小学校に入学したのは一九五五年だから、学校での授業は国語、つまり標準中国語で行われた。アロンの家では両親も親戚や近所の人も台湾語を喋っていたから、アロンは小学校入学後に初めて標準中国語に接した。入学後しばらくは先生の話はひと言も理解できなかったという。けれどその後ずっと、学校の勉強は標準中国語でしてきた。だから読み書きは標準中国語でする。標準中国語を喋るのも、何の不自由もない。それでもアロンにとっては、自分の感情を最もよく表現できるのは台湾語だと言う。台湾語が好きだし、台湾語はとても美しい言葉だと彼は言う。だからこそ常日頃話している台湾語をそのまま使って、自由に文章が書けないことをとても残念に思う。そこでアロンがやろうとしているのは、自分の口で話している台湾語をそのまま自分の手で書けるようにすることだ。

アロンは、それをコンピューターを使ってやることにした。コンピューターの機能を利用すれば、言語の読み書きの学習の手助けはもちろんだが、「聞く、話す」の学習も手助けできるはずだ。そうすれば、台湾語を学ぶのにも役立つし、台湾語を話せる人はそれをそのまま書けるようになる。

アロンのプログラム「台語語音筆記本」ができるまでには、言うまでもないが長い困難な道のりがあった。

まず台湾語をコンピューターで操ろうとしたら、それに便利な表記法を定めなければならなかった。それがなんとか解決できると、ユーザーにとって便利なさまざまな機能が付加されていった。まず台湾語から中国語および英語への翻訳、その逆の翻訳などが即時に表示される。そして重要なのは、コンピューターに台湾語を発音させていることだ。しかも単語の発音だけでなく、文章をまるまる読み上げてくれる。これはテキスト・トゥ・スピーチ、つまり文字を音声に変換するという機能で、アロンが最も力を注いだものだ。もちろん辞書の基本的な機能として収録語数は多いほうがよい。アロンはそれを増やし、さまざまな複雑な機能を充実させ、そしてそれらをスムーズに使えるように、日々工夫を凝らして改訂を重ねているというわけだ。

それにしても彼は、たったひとりで長い時間をかけて、この仕事に取り組んでいる。それも働き盛りの年頃に恵まれた職を辞して、台湾語に取り組むことに決めたと言う。それからの二十数年、ずっとその情熱が持続していることになる。その源泉はいったい何なのだろう。

忘れられた歳月

初めてアロンに会ったのは、あらためて数えてみるともう二十年近く前のことになる。きっかけは台湾映画の秀作、侯孝賢《ホウシャオシエン》監督の『悲情城市《ひじょうじょうし》』（八九年）だった。

アロンに会うために台南に行ったとき撮った写真をアルバムから探し出してみた。すると片隅に、

1990.4.28と撮影日が読みとれる。あれは四月末のことだったのか、と意外な感じがした。私は信州の高原で育ったせいで暑いのが苦手だ。そのためだろうか、あの台南での三日間は、私の頭のなかでは真夏の出来事として記憶されている。

旅先でも日頃の生活のなかでも、そのときは気にも留めなかったのに、のちになって次第に意味を持つようになる事柄というのは、あるものだ。あの日に私が台南のアロンの家を訪ねると、彼はたしかに自宅でコンピューターを操っていた。個人でパソコンを購入する人が増えたのはウィンドウズ95が発売されたあたりからだという。私もそのひとりで、パソコンを使いはじめたのは九五年か九六年あたりだ。するとアロンは、かなり早くからのコンピューター・ユーザーということになる。

あのころ私はまだワープロを使っていて、パソコンには触れたこともなかった。だからアロンのパソコンには関心が向かなかったし、パソコンで資料を見せてくれる意味もよく理解できなかった。けれどのちに知ったことだが、アロンはあのころからもう、いまの台湾語辞書製作への道筋をたどりはじめていたらしい。それにしても『悲情城市』を見て、心のうちに生まれてきた疑問を追いかけていた私と、コンピューターに熱中していたアロンが偶然のようにして出会った。それ以来よくもここまでつきあいが続いたと、最近になって考えることがある。それも多くはパソコンのおかげと言えなくもない。あのあと私がパソコンを使い出さなかったら、アロンとのつきあいは途切れてしまったに違いない。Ｅメールにしても、近年私がしばしば使うようになったＩＰ電話にしても、こんなに便利でしかも安価な通信手段はそれまではなかった。それらを使えば、遠くの台南にいるアロンと連絡を取るのも簡単なことだ。

『悲情城市』は台湾にとっては、たしかにエポックメーキングな作品だった。だからアロンのような人も関心を持たずにはいられなかった。アロンの住む台南は、台北とは文化風土も社会の雰囲気もだいぶ違う。それにアロンは政治には関心は高いが、自分の仕事に熱中するあまりだろうか、いささか浮世離れしている。そんな彼さえも十数年ぶりに映画館へ足を運んだというくらい、『悲情城市』は世論を湧かせた。けれども日本ではあの作品は、ヴェネチア映画祭グランプリ獲得の呼び声で一時的にセンセーションを巻き起こしたものの、観客はほんとうのところどれくらいあの作品を理解したのだろう。いまごろになって私は、折に触れてそんなことを思わずにはいられない。

『悲情城市』はよく知られているように、戦後の混乱期を背景にした台湾人家族の物語だ。物語は一九四五年八月十五日、日本の敗戦の日からはじまる。出産で慌ただしい家族のシーンにかぶさって、日本の天皇が全面降伏を告げた玉音放送がラジオから流れる。日本でこの作品が公開されたときは、台湾映画で玉音放送を聞いた驚きを取り沙汰する人が少なくなかった。だが台湾は日本の植民地だったのだから、べつに驚くにはあたらない。あのとき私の父は台南からずっと山奥に入った病棟で、あの放送を聞いたそうだ。台南でも空襲が激しくなったため、勤務先であった台南陸軍病院の結核患者を引き連れて山奥へ疎開したのだという。あの日、重大な知らせがあるからと全員が一室に集められ、聞き取りにくい天皇の「玉音」に耳を傾けた。だが父は、まだ天皇の声が続いているのに笑い出しそうになり、必死に口を結んで笑いをこらえたと言う。戦争は終わった、これで家へ帰れると思うと嬉しくてね、と父はよく思い出話を語った。『悲情城市』のなかでは、子供の誕生という家族の一大事を迎えている台湾人は、玉音放送にこれといった反応は示さない。『悲情城市』は二時間三十九分という長尺で、終幕は一九四九年十二月だ。つまり新たな支配者である国民党政府が、正式に台湾統治を開始したところで物語が終わる。

私は八〇年代初めごろから、ひとりでほそぼそと台湾映画を日本に紹介する仕事をしていた。当時の日本では私がやらなければ、すぐ隣の台湾の映画を見ることができなかったからだ。とはいえ、私が台湾映画を知ったのもほんの偶然にすぎない。私はあのころドイツ映画の輸入に携わっていたのでドイツに行く機会がよくあった。あるとき途中でロンドン・フィルムフェスティバルに立ち寄ると、チケットが売れ残っているプログラムのなかに台湾映画があったのだ。『小城故事（小さい町の物語）』（一九七九年　李行監督）という、田舎町を舞台にした青春アイドル映画だったが、雪の降りしきるロンドンで見た陽光溢れる台湾の風景は私に強い印象を残した。私は幸いにも、のちに述べるがひょんな事情から中国語は習得していた。だが隣の台湾の映画を、私は見たことがなかったのだ。しかもあのとき私は、現実の台湾も知らなかった。一歳そこそこで台湾を離れて以来、台湾に行ったことはなかったのだから。

そのしばらくのちに、東京で開かれる「ぴあ映画祭」のために、ドイツ映画かチェコ映画を推薦してくれと頼まれた。東京でやる映画祭なのだから、隣の国の作品を上映してみたらどうか、と提案してみた。台湾映画でおもしろい作品がありそうだが、と。すると、しかるべき作品があればやってみたいとの返事だった。私は台湾に映画を見に行く手はずを整えた。行ってみると、ちょうど侯孝賢ら戦後生まれの若手監督たちが、台湾の日常を描いた佳作を送り出そうとしていた。のちに台湾ニューシネマと呼ばれるようになった作品群だ。台湾映画界には大きい変化が起きつつあった。それまで映画のなかで使用することが事実上禁じられていた台湾語に対する規制が、ゆるめられはじめていたのだ。実際に生活の場で使っている台湾語を映画のなかで使えるようになると、映画は急速にリアリティを獲得していった。一本また一本と作品を見ながら、私の心は実はスクリーンの向こうにある台湾へと向かっていたのかも知れない。故郷への道を手探りする旅人のような気分だった。私は機会をとらえては一本また一本と心に触れる作品を日本で上映したのだが、残念なことに観客はさほど多くはなかった。

ところが『悲情城市』がヴェネチア映画祭でグランプリを獲得したことで風向きが変わった。何よりも配給会社がすぐに上映権を買い取った。そしてアジアの映画としては異例なことに、有楽町の一流劇場での公開が決まった。それまで台湾映画など見向きもしなかった人々が、『悲情城市』に依拠しながら「台湾」を熱く語り出した。しかしそれは、台湾で心配されていた現象そのもののように私には思えた。台湾ではこの作品に次のような苦言が呈されていたのだ。

「この映画は歴史を美しい包装紙でつつんで観客に差し出した。この時代を知らない若者たちは、背後に隠されている忘れてはならない残酷で悲惨な出来事について、知る機会を失ってしまうかも知れない」と。

『悲情城市』は戦後四年間の混乱期の物語だ。だから一九四七年に起きた国民党軍による台湾人大虐殺事件、二・二八事件が出てくる。この事件は蔣介石政権の台湾への撤退と相前後して台湾に渡った「外省人」と、それ以前から台湾に定住していた「本省人」のあいだに厳しい軋轢《あつれき》を生み出した。本省人の反発を抑え込むために、台湾では三十八年の長期にわたって戒厳令が施行され、二・二八事件は語ることさえタブーとされた。戒厳令は八七年にやっと解除されたが、ちょうどそのころ企画段階だった『悲情城市』は、「初めて二・二八事件を扱った映画」を最大の売りに製作が進められた。ヴェネチア映画祭でのグランプリ獲得と、人々の関心の強さに押されて、台湾政府はこの作品をノーカット公開せざるを得なくなった。するとふだんは映画など見ない人たちまでが映画館に詰めかけた。そして、二・二八事件の描き方をめぐって細部にまでわたる激しい議論を巻き起こした。

私は日本での『悲情城市』公開にあたっては、配給会社からの依頼で字幕製作と作品解説の一部を担当していた。それを進めながら私は、台湾での『悲情城市』をめぐる議論を逐一追っていた。というのも私には気になってならないひとつのシーンがあったのだ。しかもそれは談論風発の台湾でも誰も触れていないものだった。

戦争が終わり、物語の中心になっている一家も家業の酒場を再開した。日本の植民地統治が終わったことを人々は喜び、新しい時代に期待を寄せていた。ところが秩序は失われ、社会は混乱をきわめ、不安をはらんだ世相のなかでついに二・二八事件が起きる。知識人や有力者たちは、ひとりまたひとりと逮捕されて姿を消す。

物語の中盤過ぎ、青年たちが牢に捕らわれている。そのうちのひとりが兵士に呼び出される。彼は死を覚悟して身なりを整え、獄中の仲間に別れを告げる。すると獄房から静かに歌声が湧き起こる。歌声に送られ、青年は兵士に引き立てられて廊下を進む。その姿が消えるとほどなく銃声が聞こえ、彼が銃殺されたことが暗示される。

歌声が聞こえるのはほんの一分二十秒ほどだ。メロディは私が初めて耳にするものだった。だが歌詞が日本語であることに、私は衝撃を受けた。日本の植民地統治を脱したことをあんなに喜んでいた青年が、「祖国・中国大陸」から来た新たな支配者に踏みにじられ命を奪われようとしているとき、なぜかつての植民宗主国・日本の歌などうたうのだろう。

台北で華やかにプレミアショーが行われたとき、各界の名士で混雑する劇場ロビーで侯孝賢監督をつかまえて尋ねてみた。

「あの歌は、なんていう歌ですか？」

「知らないのか？　『幌馬車の歌』だよ」と監督は、私が知らないのが意外だという表情をした。

有名な歌だと思っていたらしい。
「なぜ、あの場面であの歌を使ったの？」と訊くと、
「ああいう出来事が実際にあったと聞いたんだ」と言う。

監督から聞いた「幌馬車の歌」というタイトルを頼りに調べると、これは一九三〇年代の日本の流行歌だった。当時の満州移民を奨励する国策に沿って、満州を美しくうたい上げたもののひとつだ。満州侵略を後押しする歌が、台湾ではどのような思いでうたわれたのかを知りたくて、そういう主旨の記事を書き、台湾の新聞「自立早報」に掲載してもらった。たくさんの反響があったが、そのひとつがアロンからの手紙で、これも「忘れられた歳月」というタイトルで「自立早報」に掲載された。これらの「幌馬車の歌」の調査をめぐる話は、すでに拙著にまとめたことがあるので、ここでは二つの要点だけ記してアロンの話へ戻っていきたい。

そのひとつは、侯孝賢監督が言う「実在のモデル」には『悲情城市』では省かれた重要な背景があったことだ。モデルというのは当時基隆《キールン》中学の校長だった鍾浩東だが、若いころから強烈な反日思想の持ち主で、戦後は共産主義に共鳴してそれによる改革に希望を託していた。捕らわれたときも「幌馬車の歌」を日本の歌とは知らずスコットランド民謡だと思っていた。だから自分が処刑されるときには、妻が好きだったこの歌をうたってくれるよう獄中の仲間に頼んだという。もうひとつの要点は、彼が実際に処刑されたのは映画の描写より二年以上あとの一九五〇年十月だった。こ

れが非常に重要なことだと理解するのに、私は長い歳月を要した。理解に至った出来事も書いておきたい。

アロンに初めて会ってから十年以上たったころのことだ。あるとき台南にある成功大学のアメリカ人教授や私など外国人も交えて、アロンの友人らと台湾の政治情勢などをめぐるさまざまな話をしていると、アロンがこう言った。

「台湾で二・二八の問題を語る場合、それは一九四七年の大量虐殺を指すだけではないんだ。その後四十年近くにわたる戒厳令を含めた圧制の、あれは入口だったんだから」

アロンはふと思い出したふうに私に目を向けて、こうつけくわえた。

「だからぼくは『悲情城市』を容認できないんだ」と。

二・二八以降の台湾人を苦しめた体制は、蔣介石政権によって意図的に計画的に構築された。そのなかにはもちろん知識人の逮捕や処刑も含まれている。それなのに『悲情城市』では、知識人の処刑を蔣介石政権が台湾統治をはじめる前の出来事であるかのように描いている。つまりああいう残酷なことは、四九年十二月に国民党政府が正式に台北に置かれる前に、混乱のなかで起きたかのように印象づけられている。だがそうではない。あれは国民党政府が正式に発足してから、組織的に計画的に行ったことだ。

『悲情城市』の後半には、社会改革を目指す青年たちによって山中につくられた基地が、国民党軍によって襲撃され皆殺しに遭うシーンがある。あれのモデルになった事件も、実際には一九五二年に鹿窟《ルーク》というところで起きたものだ。アロンも友人たちも『悲情城市』のこの時間的な齟齬《そご》が、うっかりやってしまったものなのか、意図的になされたものなのかを、その後見守ってきたと言う。友人のひとりは、「残念ながらいまとなっては、意図的にやったと思わざるを得ない」と言う。

なぜそう思うのかを、しつこく尋ねてみた。このたぐいの説明を、台湾人ではなく台湾に住んでいるのでもない私にするのは、難しいようだ。細かいことの積み重ねから、そういう印象を受けているのだろうから。たとえば侯孝賢監督は、二〇〇四年に七十人余りの発起人とともに「族群平等行動連名」を設立した。「族群」はエスニック・グループの意味で、台湾では四大族群として、外省人、本省人のなかの福建系の閩南人、広東系の客家人、それに原住民（先住少数民族）があげられる。「族群平等行動連名」は、これらエスニック・グループ（族群）間の分裂や差別や蔑視を解消しようと呼びかけたのだ。陳水扁が二期目の政権を目指して選挙戦を戦っていた時期だった。

表面上は至極正当なこの呼びかけも、台湾ではさまざまな波紋を呼んだ。選挙戦が加熱してややもすると本省人と外省人のあいだの罵倒合戦になりそうななか、こうした呼びかけは時宜を得ているとの評価もあった。一方で発起人の大半が外省人であったせいで、彼らは、本省人が政治的な力を得つつあることに危機感を抱いているだけだとの見方もあった。いまも存在する外省人の特権的な地位を失うことを恐れて声をあげたのだ、と。

実際、過去の清算というのはどこの国や地域でもとても難しい。アロンの友人がこんなことを言った。「小学校で、台湾語を喋ったくらいで厳しい罰を与えられるという経験をしないでいたら、ぼくだって『族群平等行動連名』の趣旨には賛成する」。ほかのひとりもこう言った。「言葉だけじゃない。地理や歴史の書物でも『台湾』が中心に据えられるようになったのは、ほんの最近のことじゃないか」。

アロンの友人たちとの会食は、つぎのような厳しい言葉に頷き合う形で終わった。

「あの時代を忘れさせようとしたって、そうはいかない」

警備総司令部をめぐる記憶

アロンが「自立早報」に寄せてくれた「幌馬車の歌」まつわる思い出には、台湾人の生活のさまざまが詰まっていた。

アロンの家では一九五八年に父親が、背広を買う予定だった金をはたいてレコードプレイヤーを買った。それ以来毎晩のように家にあった古いレコードを聴くようになったのだが、そのなかに「幌馬車の歌」があったのだという。昔は私の家でもレコードは大事にされていた。子供のとき、祖母が手回しの蓄音機で聴く浄瑠璃や歌舞伎のレコードを、私も何も分からずによく聴いたものだ。

アロンは台湾の人々がどんなふうに歌をうたい継いできたかを書いていた。台湾民謡は日本の植民地時代にも、戦後の国民党政府の時代にも、蔑視されたり弾圧されたりした。母親が好きだった日本の歌も、戦後は疎《うと》んじられたり禁止されたりした。それでも人々は家族や友人のあいだで歌を教え合ってうたい、好きなレコードを次世代へと引き継いだりした。

末尾でアロンは婉曲に、『悲情城市』への批判を記していた。台湾語という母語を奪われながらも、なんとか自分の思いを歌などに託して生き延びてきた人々の姿を、この映画は歪曲している、と。どこが歪曲なのかは、説明がないのでよく分からなかった。だがもしかすると、アロンもこの時点では自分があの映画に対して感じていた違和感を、はっきりと言葉にはできなかったのではないだろうか。アロンもまた明確に批判を述べるまでに数年の時間を要したのかも知れない。

いま思えばあのときの私は、アロンが書いた記事の内容よりもむしろ添えられていた写真に心を惹かれたのだと思う。一枚はアロンの母親で、小学校で撮ったものとの説明があった。洒落たフリル付きのワンピースを着た美しい少女と、背後の二宮金次郎の銅像のあまりのそぐわなさが、私を戸惑わせた。二宮金次郎の前に立つのは粗末な絣の着物の子がふさわしいような気がしていたからだ。もう一枚の写真は日本語の本の一ページで、堀口大学の「落ち葉」という詩が載っている。

やさしき秋の接吻（くちづけ）に
黄金の色に輝きし
森の木の葉のおとろへて
今地にかへる時刻なり……

記事の内容に比してセンチメタルすぎる詩句に、何か引っかかるものを感じた。なぜこれをわざわざ掲載したのだろう。

記事の筆者に会ってみたい、と思った。

その理由を説明するのはちょっと難しい。だがあのときの複雑な気持ちをいまあえて思い返して整理すると、こんなことに思い当たる。文面から、この筆者は日本語を習得した世代ではないだろうと推測はついた。けれど彼が父母を理解しようとすると、どうしても「日本」にぶつからざるを得ない。しかもその「日本」というのは、見慣れぬ着物姿の二宮金次郎だったり、少女好みのセンチメンタルな詩だったりする。アロンは、実質的には私もそうであるように植民地第二世代、つまり植民地を実体験した次の世代に属している。私が実際には知らない「台湾」に深くとらわれているように、彼もすでに去って行ってしまった「日本」に拘泥せざるを得ないのだろう。彼のなかに日本の植民地時代がどんな影を落としているのか、知りたいと思った。しかも彼が私の生地である台南に住んでいることが、よけいに私の心を動かしたのは間違いない。もしも私があのまま台南で暮らしていたら、友人になったかも知れないではないか。

台南に住むアロンを訪ねることに決めてから、私は自分が生まれた場所を探し当てる準備をした。

実はあれよりも七、八年前、台湾の映画事情や映画作品を見るために台北へ行ったときも、私は台南まで足を延ばした。出生地の地名・桶盤桟《タンパンセン》十八番地だけを頼りに、ひとりでうろうろと町を歩き回ってみたのだが、大体の位置さえ見当がつかなかった。時間もあまりなかったし、当然のことながら町名も番地もすっかり変わってしまっていたからだ。

　こんどこそはと私はさまざまな物を用意した。父母や姉に台南の家の周囲はどんなようすだったかを尋ねて、メモをつくった。周辺の簡単な地図や、家の見取り図なども書いてもらった。姉はまるで自分が行くかのように興奮して、幼いころに記憶に刻んだ風景をスケッチにしてくれた。どの方角に何が見えたか、庭のどこにどんな木があり、どこで鶏を飼っていたかなど、事細かに書き込んであった。

　母は棚の奥から時代がかった革表紙の三冊のアルバムを取り出した。台北や台南で暮らしていたころの写真が貼ってある。子供のころはよくこのアルバムを開いては、父母の思い出話に耳を傾けたものだ。母は台南の写真が貼られたページに、無言でいきなりハサミを入れた。庭で遊ぶ姉、玄関先に立つ若い母、一歳の私の写真もたった一枚ある。やはり一枚だけある父の軍服姿は、自転車で出勤するところだ。母は切り取った数枚の厚紙を私にくれた。

　三冊のアルバムは、母が自分で台南から持って来たものだ。終戦の数カ月前、急遽日本への旅立ちが決まった。母は一歳になったばかりの私を背負い、三歳と四歳の姉の手を引き、着替えなどの必需品の荷物のなかに重くかさばるアルバムを詰めた。人はしばしば咄嗟にこうした理不尽な振舞いをする。だがそのおかげでいま、私は写真のなかに故郷台南をかいま見ることができる。それにしても母は、何を思ってこの重い荷を運ぼうとしたのか。母も実は台湾生まれなのだ。あのとき台湾を離れなければならなくなった母の気持ちは、私たち家族にも推し量ることはできない。母の生地は台南の近くの屏東《ピントン》県で、父親は台湾製糖に勤めていたという。その後高雄に引っ越して、母はそこで小学生になった。広い庭で縁台に腰かけて、祖父にチェスを教わったとよく話していた。なぜ将棋や囲碁でなくチェスなのか、聞くたびに不思議に思ったが母に尋ねたことはない。曾祖父がどんな人かは謎のままだが、思えば私の母方は、曾祖父から私まで四代にわたって台湾で暮らしたことがあるということになる。

台南で生家を探すにあたって、もうひとり手を貸してくれる人がいた。知人に紹介された東京の鉄鋼会社の社員で、台南の提携会社に出向中の人だ。彼は、古い地図と現在の地図をつき合わせて、桶盤桟十八番地がどこなのかを特定しておいてくれるという。

台南の駅に着いてまず、私はこの鉄鋼会社の社員の出向先を訪ねた。台南に着いたら一度顔を出すようにと言われていたからだ。手短に挨拶を交わして翌日会う予定を決めると、彼は会社の車で私を送るように手はずをつけてくれた。会社は市内からだいぶ遠かったからだ。

私は自立早報社から教えられたアロンの住所を運転手に見せ、そこまで送ってくれるようにと頼んだ。アロンには前もって手紙で訪問したい旨は伝えてあった。けれど私が日本を発つ日になっても返事は届かなかった。返信を待つあいだも電話番号を調べようと手を尽くしたのだが、調べはつかないままだった。電話がない人だろうか、とアロンの家へ向かう車中でも私は内心ちょっと不安だった。陋屋《ろうおく》に住む一人住まいの男性を想像してしまったからだ。

アロンの家の近くで車を降りたが、そのあたりはなぜか番地が入り組んでいたため、私は番地表示をたどりながら同じ路地を何回も行き来する羽目になった。やっとみつけたアロンの家のドアを叩くと、出て来たアロンは恐怖に顔を引きつらせて棒立ちになった。続いて出て来た妻と小さい息子もアロンの隣に並んで立ち、体中を固くして身をすくめていた。そのさまを見ていたのに、私は家族の全容がつかめたことにほっとしていたのだから、いま思えば能天気もいいところだ。

あのとき家族が一様に立ちすくんだのは私の背後にいた男性のせいだ、とアロンはずっとのちになって話してくれた。彼は私を車で送ってくれただけでなく、私が目指している家に間違いなくたどり着いたかを見届けようとしたのだ。アロンに言われてあらためて気づいたのだが、その男性はスーツ姿で、ラフな服装の多いあのあたりでは目立ったかも知れない。そのスーツ姿に、アロンはつい警備総司令部を連想したのだという。

私がアロンを訪ねたのは、世界最長といわれる三十八年間にもおよぶ戒厳令の施行がやっと解除されてから、三年しかたっていないころだ。戒厳令下で警備総司令部に突然連行され、そのまま消息を絶ってしまった人の噂は、台湾ではよく耳にした。なかでも私に強い印象を残している警備総部といえば、映画『牯嶺街《クーリンチェ》少年殺人事件』（九一年）で描かれたものだ。この作品は楊徳昌《ヤントゥチャン》（エドワード・ヤン）監督の手になる秀作で、やはり戒厳令が解除されたからこそつくることができたといえる。物語は一九六〇年に実際に起きた事件で、中学生の少年による少女殺人事件を素材にしている。舞台は台北の夜間中学だが、国民党による恐怖政治のなかでふつうの市民が追いつめられて精神を病み、少年少女たちまでが激しい心の揺れに耐えなければならないさまが端正な作風で表現されていた。楊徳昌監督は二〇〇七年に五十九歳の若さで亡くなってしまったが、日本では都会的でスタイリッシュな面ばかり取り沙汰され、理知的で堅固な主張が正当に評価されなかったのが気の毒でならない。思えばアロンは、侯孝賢や楊徳昌とほぼ同年なのだが、そのアロンもまた独裁政権下の恐怖を心に秘めていたことになる。そのころの話をたくさん聞いたつもりでいた私だが、私より若い世代の恐怖心にまでは想像がおよばなかった。

　あのときアロン一家が立ちすくんだ理由を説明されて初めて、私はアロンがしつこく「あのスーツ姿の男は誰だ」という意味の質問を繰り返したのを思い出した。アロンにしてみれば、新聞記事に対して自分の考えを投書したのはあれが初めてだったという。その結果、思いがけなく日本から私の手紙が届き、訪問したいと言われた。どうしようかと返事をためらっているうちに私が現れた。すると、その背後にあまり見かけぬスーツ姿の男性がいた。それを目にした瞬間、アロンの胸には鋭い後悔の念が渦巻いたという。

「政治に口を出すな」という処世訓を台湾の人はよく口にする。アロンの文章はとくに政治に触れてはいないが、国民党独裁下で台湾歌謡が抑圧されたことに触れている。さらに、紆余曲折はあったにせよ結局は国民党政府のお墨付きを得た『悲情城市』を、婉曲にではあれ批判している。そういうことが身の危険を招きかねないという警告は、アロンの頭にもこびりついていたのだろう。

お名前は？

アロンは予想していたより若く、痩身で青年のように見えた。だが一九四九年生まれだというから、記事に書かれた「幌馬車の歌」の思い出は小学生のころのものということになる。母親が好きでよくうたっていたが、アロンはメロディしかうたえない。けれどもいつのころからか、母はすっかり歌をうたわなくなったという。

アロンの家の、入ってすぐの広い部屋は、いまはアロンの妻の英語塾に使われている。だが最初に私が訪問したときは客間だった。アロンは部屋の片隅に置いたパソコンに向かって、自分が書いた記事に関連するさまざまな資料を画面に出して見せた。父母や叔父の持ち物だったという古いレコードや本のリストがあった。台湾コロムビアというレコード会社が出した台湾民謡。父親が好きだった日本の歌のレコード。流行歌が圧倒的に多いが、浪花節や学校唱歌もあって種々雑多だ。書籍のほうは島崎藤村が目についたが、あとは一時的に流行した大衆小説のたぐいらしく、私の知らないものばかりだった。

アロンはパソコンを操りながら、台湾エンサイクロペディア（百科事典）をつくるつもりだと言った。台湾の文化は長い間抑圧されてきた。戒厳令が解除されてやっと自由を手にできそうなのに、気づくと消えかかっているものが多い。だから台湾の文化だけでなく風物まで、できるだけ保存しておくのだ、と。

私はパソコンというものを知らなかったので、彼の構想を理解できなかった。私があまり関心を示さないのを見て取ったのか、アロンは話題を切り替えた。自分は日本語はできないが、内容をよく知っている日本の小説があるという。題名を尋ねると、数回聞き直してやっと分かるほどのたどたどしい日本語で、

「『お名前は？』」と言った。

筋書きを話してくれるのを聞いているうちに、それは『君の名は』のことだと分かった。もともとは菊田一夫作の連続ラジオドラマで、放送時間には銭湯の女湯が空になるほどの人気を博したというあれだ。一九五三年には佐田啓二・岸恵子主演で、大庭秀雄監督によって映画化され、これも大ヒットした。

それが台湾に輸入され、タイトルは原題の意味どおりに『請問芳名《チンウェンファンミン》』と訳された。上映の際は、弁士が台湾語に同時通訳する方式がとられた。この作品を大勢の観客が見ているようすが、呉念真《ウーニエンチェン》監督の『多桑』（九四年）という作品に描かれている。ちなみに「多桑」は「トーサン」と読み、意味は「父さん」だ。日本語が外来語として台湾語に取り入れられたのだ。この作品で描かれる「父さん」は、植民地時代に少年の身で感じた日本への憧れを生涯抱き続けた。彼は、戦後育ちの子供や孫が使う標準中国語を理解できず、社会の変化についていけなかった。炭坑の苛酷な労働で体をこわした「父さん」にも、洒落者だった若い時代があった。炭坑町の映画館に出かけて見たのが『請問芳名』だ。弁士は真知子のセリフも春樹のセリフも台湾語に軽妙に同時通訳しつつ、その

合間に観客の呼び出しや、場内で売るアイスクリームの宣伝までやってのける。こうした当意即妙は、台湾人が生き延びるために必要だったことだろう。『君の名は』の中国語タイトル『請問芳名』は、巷間で日本語に再翻訳され、「お名前は?」となり広まっていったという。これはアロンの子供時代の出来事だから、たぶん彼は映画を見てきた大人たちが話すのを端で聞いて記憶にとどめたのではないだろうか。

だが私はといえば、すれ違いのメロドラマを詳細に語るアロンが、パソコンを操って資料をつぎつぎ示すのを見ながら、キツネにつままれた気分だった。

それは、堀口大学の「落ち葉」という詩に話がおよんだときも同じだった。アロンは、その詩が掲載されている小冊子を見せてくれた。表紙に『家庭日記』と書かれた一九四二年版の日記帳だ。月ごとに季節にちなんだ短文や詩歌が掲載されている。日記を記す欄は、年初の感慨のようなものが最初のほうに二行ほど中国語で記されているだけで、あとは残念ながら空白だった。

ところがページを繰ってみると、堀口大学以外はほとんどが戦争讃美の詩歌だった。私が若いころ愛読した萩原朔太郎が、なんと「軍隊」というタイトルの詩でその力強さをたたえている。西条八十は「国旗」と題して身を賭して国旗を守る決意をうたっている。あの与謝野晶子も、有名な「君死にたまふことなかれ」から受ける反戦歌人のイメージとはまったく裏腹に、「大君」の尊さを美文で高らかに詠いあげて戦意を鼓舞している。冊子の定価は二十八銭とあった。

「これは大事なものなんだ」とアロンは言った。「母にとっては、『落ち葉』の詩は楽しかった学校の遠足の思い出だそうだから」と。

その気持ちは分かるような気がしたが、それにしてもそれほど大事に保存しているアロンの心のうちは、私には読み取れなかった。

「中身を父母と同じように理解できたら、こんなふうに執着はしないかも知れない。分からないから、分かりたいし、始末もできずにいるんだ」と私の訝《いぶか》しむ気持ちを感じ取ったかのように、アロンは言った。

謎に包まれた気分のまま辞去しようとすると、アロンが記念にと一枚の紙をくれた。そこにはこんな文章が書かれていた。

人生は短く　学問は長い
健康に留意し　真理を畏れ
世の毀誉褒貶を　恐れることなく
ひとり立って　よく正義を守る人物を
社会は常に要求する

日本語の、きれいな手書きの字だ。

アロンは、照れくさそうに、これは矢内原忠雄の「真理を畏れよ」の一節だと説明した。兵役についていたときに偶然読み、格調高い文章に感動してノートに書き写したという。アロンが喋る日本語は、単語の発音さえおぼつかない。けれど読む力はかなりあるということなのだろうか。それにしても、矢内原はキリスト者として知られ、また反権力志向も強かったはずだ。『帝国主義下の台湾』という著書で、植民地支配下にある台湾の実態を、統治者側の視点からでなく実証的に分析したと評価されている。その矢内原の文章に、兵役中に出会ったというのはどういうことだろう。私はさらに深まった謎を胸に抱えたままアロンの家をあとにした。この矢内原の謎がいくらかでも解けたのは、やはり何年ものちのことだ。

私が帰るのを見て、アロンの息子が戸口でバイバイと手を振って見送ってくれた。いまでは一八〇センチを超える長身の青年になった彼は、あのときは小学三年生だ。私たちが話をしているあいだ、かたわらで宿題をしていた。ノートをのぞくと、「蜻蛉（トンボ）」「蟷螂（カマキリ）」「蚯蚓（ミミズ）」というような字を書き並べていた。

「ずいぶん難しい字を書くのねえ」と言うと、彼はきょとんとした顔で鼻をすすり上げ、小さい手で複雑な文字を書き連ねた。アロンは息子に目をやりながらこう言った。

「しばらく前に勤めを辞めたんですよ。家にいるようになってから、息子と話す時間が増えて本当によかった。これなら息子も台湾語を忘れないだろうから」

家庭では台湾語を話している子供たちも、学校では北京語で学ぶ。北京語でうまく話すことを要求されるうちに、台湾語は話さなくなってしまう例は少なくない。

そしていま思い出してみると、あの幼い少年は、宿題に飽きるとコンピューター・ゲームをしていた。私はあのたぐいのゲームにはまったく無知なので、何も気づかなかった。だがあれは、近年のパソコンの急速な発展のうえでは画期的な機種ＡＰＰＬＥⅡだったのだそうで、これもやはりずっとのちになって知ったことだ。

タンパンセン十八番地

あなたはタンパンセンで生まれたのよ、と私は母から聞かされて育った。一九四四年のお正月のことでね、と母の話は続いた。母は女学校時代から熱心なエスペランチストだったそうで、そのせいか、あの年頃の人には珍しいことに昭和十九年と年号を使う言い方はしなかった。

幼いころの私は、タンパンセンというのは船のことだと思い込んでいた。たぶん母から聞かされた台湾から船で日本に渡ったときの話と、どこかで混同してしまったのだろう。私は船のなかで生まれた自分を思い描いては、寄る辺ない気分に浸るのが好きだった。

小学校に入学するころ、母が学校に出す書類を書いているのを横からのぞき込んだ。「台南市桶盤桟十八番地」と書いて、母はそれを声に出して読んでくれた。

「タイナンシ、タンパンセン、十八バンチ」

母が説明してくれなくても、私はその意味がすぐに分かった。これが私の生まれたところだ。漢字できちんと地名を見たことで、その場所への思いがつのっていった。タンパンセンは船ではなかった。番地がちゃんとあるのだから。「船で生まれたのではないのだ」と思うと、目の前が明るくなったような気がした。

アロンの家を訪問した次の日、私は台南の街の一角に立った。あのときは旅のはじめから、生まれた場所を探しあてようと決めていた。いよいよ胸を弾ませてその場所へと向かいながらも、多くを期待してはいけないと自分に言い聞かせる冷静さも持ち合わせているつもりだった。何しろ生家を去ってから四十年以上がたっているのだ。だがいま思えばあの日の出来事がなかったら、アロンに会うのも一回きりで終わっていたに違いない。アロンをめぐる謎は謎のまま残り、そして私は「アロンの辞書」を手にすることもなかったことだろう。

私が立った地点というのは、台南に出向中の東京の鉄鋼会社社員が案内してくれた場所だった。彼は、桶盤桟十八番地がどこなのかを調べるために入手した地図のファイルを小脇にかかえていた。そのファイルをひろげて、彼は技術者らしく綿密に調査の経過を説明した。それからあたりを指さし、そこを特定した理由を数えあげた。だが彼が指さす先をつぎつぎに目で追いながら、私は「ここは違う」と言い出して彼を怒らせてしまった。

一緒に来てくれていた同じ会社の楊さんが、私をたしなめた。違うと断定するには早すぎる、と言うのだ。そして楊さんは、自分の父親に尋ねてみたらどうだろうと、険悪になった私たちをとり

朽ちかけた日本人向け借家に新築マンションの広告が

なしてくれた。父親はいま八十歳を過ぎているが、台南でずっと教師をしていたから何か知っているはずだ。楊さんはそう言いながら、私たちをうながして父親の家へ向かった。

楊さんの父親は昔、台南師範学校にかよっていたという。桶盤桟十八番地は学校のすぐ近くだったが、そのあたりの住人はほとんどが日本人だったから行ったことはない、と言った。そんな話をしているうちに、私は母が描いてくれた図に、「陳大海」という文字があったのを思い出した。たしか大家さんの名前だ。

その名前で探すのが一番早い、と父親はすぐに受話器を取り、市役所にいる教え子に電話をして問い合わせてくれた。間もなく返事の電話が来た。陳大海さんの長男は残念ながら昨年亡くなった。いまはその妻が息子一家と暮らしているが、家はずっと同じ場所にある。そう説明してから彼は、現在の地名や番地を教え

新築マンション群

てくれた。

すぐにその家を訪ねて、話を聞いてみた。陳大海さんがかつて所有していた二十軒ほどの日本風の貸家は、二、三軒を残してすべて取り壊されてしまった。いまはモダンなマンションになっている。だが母が描いてくれた図を見せると、長男の妻が驚いて立ち上がった。そこに描かれている私の生家は、丁字路の手前左角だ。ちょうどその場所の二軒だけが昔のまま残っているという。

私よりも興奮したふうに小走りに駆け出した陳家の人たちのあとを追って行くと、時を経て黒ずんだ低いコンクリート塀に囲まれて、鬱蒼と繁った庭木に埋もれた瓦屋根の家があった。門扉は中国式の習慣で真っ赤に塗られ、固く閉ざされていた。思わず扉を叩こうとすると、陳家の家族は口を揃えて私を押しとどめた。

「やめなさい、外省人だから」と。

外省人というのは、一九四五年以降に国民党政府と相前後して中国大陸から渡って来た人たちのことだ。台湾でもとくに南部では強い反感を持たれているると聞いていたが、私が話しかけるのもまずいのだろうか。

ホテルに戻ったが、どうしても諦めがつかない。強引に家を見せてもらったら陳大海さんの家族に迷惑をかけてしまうのだろうか。外省人と昔からの住人とは、どんなふうな近所づきあいをしているのだろう。思いあぐねて私は、昨日会ったばかりのアロンに電話をして事情を話した。台南の住民で知り合いといえば、彼しかいなかったからだ。

「行ってみよう、ぼくも見てみたいよ。そんなに古い家が残っているなら」とアロンは思いがけなく気軽に応じてくれて、すぐにスクーターでやって来た。

スクーターの後ろに乗せてもらうのは初めてのことだったが、私はためらわずに座席にまたがった。幸いアロンはゆっくりとした安全運転だった。私の生家に着くと、アロンは通りがかりの近所の人に静かな声で事情を話した。するとそこに住む外省人といくらかつきあいのある人が見つかり、彼が扉を叩いて住人を呼び出してくれた。倪《ニィ》さんという八十六歳のおじいさんがひとりで住んでいるという。

やがて扉の向こうにおぼつかない足取りの気配がして、かんぬきを外す音が聞こえ、門扉がゆっくりと内側に引かれた。隙間から白髪の倪さんの顔がのぞいた。私は事情を話して、家のなかを見せてもらえないだろうかと頼んでみた。倪さんは驚くほどあっさりと見ず知らずの私を招き入れ、ゆっくりとした動作で勝手口まで行ってドアを開けた。三和土《たたき》と上がり框《がまち》の向こうのとっつきの部屋が、倪さんの寝室らしかった。端っこの畳が一枚、四隅に台を噛ませて十センチほど浮かせてあり、小さい枕を載せてベッドのようにしつらえてあった。台湾人や中国人が、日本人のように畳の床にじかに布団を敷いて寝るのは落ち着かないと話すのを、何度か聞いたことがある。畳は古くサクサクレだっていたが、部屋はきれいに片づいていた。

倪さんは、自由に好きなだけ見てくるがいい、と言ってくれた。

しんとした家のなかにひとりで入ってみた。頑丈なつくりの、広々した日本家屋だった。八畳間や十畳間が五部屋ほどあり、縁側がめぐらしてあった。襖も欄間も古びてはいたが破れは手直しされ、ほぼ原型をとどめているのではと思われた。いま思い出すと、家を傷めることなく質素に暮らしてくれた倪さん夫妻に感謝したい気持ちだ。若かった父と母、そして幼い私や二人の姉が、ここで暮らしたのだ。父は当時は台南陸軍病院に勤務する軍医で、ここから自転車で病院にかよったそうだ。妻子を日本に帰したあと台南では空襲が激しくなり、父は患者を連れて山奥に疎開することになった。持ち物の整理のためにひとりこの家に戻った父は、十年あまり心血を注いだ結核菌に関する研究資料を咄嗟の判断で庭に埋めた。かわりに重い蓄音機とSPレコードのケースを背負い、山中の病棟に運んだという。

「なぜあんなことをしたのだろう、医者の仕事を放り出してレコードは守ったんだ」と、父は自分の行動が不思議でならないというふうによくつぶやいた。

この話をずっとのちにアロンに話したとき、アロンは気色ばんでこう言いつのり、私を戸惑わせた。

「なぜあのとき、庭を掘り返さなかったんだ？　キミのお父さんの大切な研究資料が、何か出てきたに違いないじゃないか」

だって、土に埋めた紙などもうボロボロになっているに決まっている。それにそんな古い研究など、現在ではとくに有効性はないだろう。そんな反論を、アロンの語気の強さに気圧されて、私は腹に呑み込んでしまった。

私には遠い台湾の出来事だが、その場所で暮らしているアロンには遠いことではないのだろうか。私の生家に暮らしていた倪さんは、一九四九年に中国から台湾にやって来て塩務局に勤めた。この家はそのとき社宅としてあてがわれたもので、退職後もそのまま住んでいるのだそうだ。外省人のそういう特権が、台湾人には嫌われるのだろう。台湾で結婚した妻は数年前に亡くなった。大陸に残してきた家族とは、つい二年ほど前に中国大陸への渡航が自由化されたせいで、やっと連絡が取れた。幼いときに別れたままの息子に是非とも会いに行きたい、と話してくれた。

探し当てた生家で撮った写真がいまも残っている。母に見せようと思って、部屋のなかの欄間や襖の絵、それに勝手口の水瓶《みずがめ》、門から玄関までの踏み石まで何枚も撮ったのだ。だが庭先や門の前に立つ私の写真は、アロンが撮ってくれたに違いないのだが、私にはそのときの記憶がない。そしていま思えば、かつては支配者側にいた日本人や外省人に複雑な思いもあろうアロンが、あのとき消えたように黙ってただ端で見ていてくれたことに感謝するしかない。

帰り道でアロンが、道端に椅子やテーブルを並べている店でソバをご馳走してくれた。私はよほど空腹だったのか、いくら小さいドンブリとはいえ、三杯も立て続けにお代わりしたそうだ。私はそれもおぼえてはいないし、そこが台南では有名な度小月《ドゥシャオユエ》という店だったことにも気づきさえしなかった。度小月は、ちょうど日本が台湾を植民地にした一八九五年に創業した老舗だと聞いたおぼえがある。店主はもともとは福建省漳《しょう》州から台南に渡ってきた漁師で、魚があまり獲れない時期にはソバを売って暮らしを立てた。ところがそのソバが評判を呼んで店は繁盛し、いまにいたっているという。店の名はずばり、稼ぎの悪い月（小月）を、過ごす（度）、という意味だ。台湾の人たちは厳しい歴史のなかで、苦しい時をやり過ごすために、さまざまな知恵をしぼってきたことだろう。

私は台南で生家を探そうと決めたとき、ひとつの自戒を胸に刻んだつもりだった。その昔我が物顔に台湾を闊歩していた日本人が、いままたやって来て身勝手に昔を懐かしむ。そんなみっともないことはすまい、と。それなのに、自分が生まれた家を見ただけでこれほど心が波立つのはなぜだろう。しかも、私は幼すぎてその家のことをまったく記憶にとどめてもいないというのに。度小月のソバを食べて満腹になり、少し気持ちが落ち着くと、私は急に恥ずかしくなった。

「ごめんなさい。こんなことにつきあわせて」

アロンは無表情のまま軽く頷き、穏やかに話題を切り替えた。

「もしまた台南に来る機会があったら、いつか母に会ってくれないか」

二宮金次郎の像の前に立つ美しい少女の写真には、思わぬ背景があった。良家のお嬢さんのようにしか見えないアロンの母親は、実は子供のころから他家の手伝いなどをして働いていた。十歳になってやっと公学校（台湾人向けの小学校）にかよえるようになったが、相変わらず昼間は働いて夜間のクラスで勉強した。しかも通学できたのは四年間だけだったという。あの写真は、彼女がかよった公学校ではなく、日本人がかよう小学校で撮ったものだ。その話は、前の日にアロンから聞いたばかりだった。二宮金次郎が貧しさのなかで懸命に勉強した逸話を知って、母親は自分も頑張ろうという気持ちであの写真を撮り、保存していた。そうアロンは話してくれた。

「お会いできたらうれしいけれど、でもどうして？」と私は訊いた。

「母は学歴は低いが勤勉な人だ。就職して洋服の仕立てを日本人から習ったときに、図入りのノートをつくって要点を書き留めていた。それをいまでも大事に保存している。その日本人は、母の腕前を見込んでさまざまな面で優遇してくれたという。母はいまでは仕事は辞めているけれど、椅子のカバーや自分の服など、手の込んだものを工夫してつくるのを楽しんでいるよ」

戦争が終わったとき、母親は十八歳だったという。その母親のノートは、その後日本語が次第に用をなさなくなったために、数字を書き込んだ図だけが増えていった。戦後、新たに国語に定められた標準中国語は、とうに学齢を過ぎていた彼女には学ぶチャンスがなかったのだ。

「母が中国語の読み書きを習うために夜学に行く余裕ができたとき、彼女はもう六十歳を過ぎていた。いかに勤勉な母でも、そのときはもう新たな言葉を学ぶのは無理だったんだ。だけどぼくはよく考える。あの母を文盲同然にしてしまったのは、いったい誰なんだろうと」

私は黙り込んだ。日本も関わっていることだからだ。日本は戦争の末期には台湾語への抑圧を強め、人々に日本語使用を強制した。駅では日本語を喋らない人には切符を売らないとか、家庭で日本語を常用する「国語家庭」には米や砂糖の配給を増やすなど、恥ずかしいほど姑息な手段をとった。そのくせ日本は、戦争に負けるとその人たちをそのまま放り出した。日本軍に徴用されて死傷した台湾人兵士への補償さえきちんとはしていない。

いつかアロンの母親にも会ってみたい、と私は思った。

「台南に来るときには、連絡する」

私はそう言って、アロンと別れた。

二　戒厳令下の青春

林家の太っちょ坊や

台南へ行く機会はそう簡単には訪れなかった。私は徐々に台湾映画を紹介する仕事から遠ざかっていったからだ。

侯孝賢監督の『悲情城市』はヴェネチア映画祭でグランプリを取ったものの、台湾を除けば興行成績はかんばしくはなかった。外国人にはなかなか理解しにくい内容のせいもあるが、侯孝賢監督の弱点と言えなくもない構成の曖昧さが、分かりにくさに拍車をかけている気がする。そのぶん浮かび上がるゆったりした情緒は、もちろん捨てがたい味わいなのだが。けれど作品の歴史的な背景などを比較的理解しやすいはずの香港で上映されたときも、入場者数は伸びなかった。だから日本での『悲情城市』の大ヒットは、本国台湾を除けば異例なことだった。そのおかげで日本の配給会社は競って台湾映画に食指を動かしはじめた。それならば私は、本来自分に向いているとは思えない配給の仕事をやる必要はもうない。私は本を書く仕事に重点を移していき、家や図書館にこもることが多くなった。いきおい台湾を訪れる回数は減った。

それでもアロンからは、月一回ぐらいまめに手紙が届いた。罫のない紙に、上下左右ともほとんど余白を取らずに、細かいきれいな字がぎっしりと書き並べてある。中国語で返事を書くのは、私には骨の折れることだった。だがアロンから、私の手紙の中国語は想像していたよりもずっとうまいとおだてられたせいで、毎回苦心して返事を出した。

実際に、アロンに伝えたいこともあったのだ。アロンは私の生家を知る数少ない知人のひとりになってしまったのだから。


東京である会合に出たとき、私は思いがけなく私の生家の向かいに住んでいたという人に出会ったのだ。

日本人が多く住んでいたというあの場所は、いまは南欧風のバルコニーが目立つ洒落たマンション街になり、近くには立派な体育館もできてすっかりようすが変わってしまった。それでも周辺を丹念に歩いてみれば、私の姉が記憶にとどめている「忠魂碑」などもまだそのままあって、日本人居住地の痕跡が見つけられる。けれどあそこが日本人街だったころ、私の生家の向かいに住んでいたのは台湾人一家だった。しかも台湾では非常によく知られている林茂生《リンマオション》の一家だったのだ。彼は植民地時代に東京帝国大学に留学し、ついでアメリカのコロンビア大学にも留学して哲学博士号を取った。私の両親が台南に住んでいたころは、彼は台南工業高等学校の教授だった。周辺に住む日本人のなかにも工業高校で彼の学生だという人が何人かいたそうだ。

そしてその時期には、たぶん近所の日本人は知るよしもなかったと思われるが、林茂生は植民地統治下で台湾人の権利を守るために、さまざまな活動にも携わっていたはずだ。だが一九四七年、二・二八事件が勃発すると、彼は国民党軍に逮捕され銃殺された。当時在職していた台湾大学（国民党政府が掌握しつつあった台北帝国大学）で、学生を反国民党政府の活動へと扇動しているとの疑いで捕らえられ、処刑されたとされている。

東京での会合で、私が台南生まれだと聞いて近づいてきた恰幅のよい男性に尋ねられるままに、私は探し当てた我が家の周辺の地図を描いて見せた。するとその地図を食い入るように見つめていた彼は、「ぼくの家はここだ！」と叫んで、我が家の向かいを指さした。彼は林茂生の息子さんで、もう長いこと東京に住んでいると言っていた。「ほかのきょうだいは皆大学教授になった。台湾社会では父の件で孤立を余儀なくされ、アメリカに渡ったりしているけれどね。だがぼくは落ちこぼれで空軍のパイロットになったんだ」と、彼は太い腹を揺らして笑った。

その姿を見て私が不意に思い出したのが、家族内で語られていた「向かいの台湾人の家」の話だった。姉は、向かいの家の太っちょの男の子が、麦藁帽子を阿弥陀にかぶって、なぜか毎日のように我が家の塀の上を歩いていた話をしきりにした。母は、朝晩その家の広い庭でおばあさんが鶏を呼ぶ声がして、台湾語のお喋りがにぎやかに聞こえた、と話していた。

我が家に伝わっていたそんな話をすると、かつての太っちょ坊やだったのではないかと思われる息子さんは、得たりとばかりに膝を叩いた。彼が言うには、林茂生の死後だいぶたって台湾社会が自由化されはじめると、彼の業績を書きとどめようと数冊の本が出され、そのなかに林茂生の結婚式の写真が掲載された。ところがその写真の林茂生夫妻が日本式の結婚衣裳を身につけていたため、林茂生は実は植民地時代にかなり親日的だったのではないかと陰口をたたく人がいたという。日本式の衣裳をまとっていたことの是非はさておき、無念な殺され方をした父親が非難され、父親の釈明なり反駁なりを聞くことさえできなかったことが、遺族としてはどんなにつらかったかと、息子さんは目に涙を浮かべた。そして私の両手をしっかり握り、こう言った。

「いい話を聞かせてくれた。ぼくの家では台湾語のお喋りがにぎやかで、まわりから『台湾人の家』と呼ばれていたと聞いて、とても嬉しい」と。

アロンからも、私の生家にまつわる話が伝えられた。あの家の近くを通りかかったときに、近所の人からあの家に住む倪さんの思わぬ消息を聞いたという。倪さんは私が訪ねた二日後に中風で倒れて入院してしまった。大陸にいる息子さんに会うために旅立とうとしていた矢先のことで、旅支度もほぼ整えられていた。けれどもなにしろ八十五歳という高齢だから、友人たちは皆病状を危ぶんでいる。息子さんに会う希望は叶えられないかも知れないとぼくも心配だ、とアロンは書いていた。

突然私が訪問したことが倪さんの健康に障ったのでなければいいが、と心のうちで思ったが、もうどうしようもないことだった。

手紙からメールへ

あのころから私もパソコンを使うようになっていった。いまではパソコンはすっかり日常のツールになっているが、当時の日記などを読み返すと、購入してから一カ月ほどは、吹き出したくなるような初心者の悪戦苦闘が続いている。パソコンを入手するとまず、パソコンおよびプリンタを設置するのに半日をつぶした。やっといくらか操れるようになると、こんどはインターネット接続がうまくいかずに一日をフイにした。いまでは信じられないことに、メール設定をして使うまでに二、三日もの時間を費やしている。

初めて自分が購入して設置したパソコンの画面に向かったとき、実をいうと私はイヤな気分だった。アイコンやツールバーの形や色は、まるでアニメのキャラクターがごちゃごちゃ描かれた子供向けのグッズみたいだ。起動したときのモーター（だろうか?）音もうるさかった。「よけいな飾りのない、静かなワープロのほうがいい!」と、パソコンに手こずるたびに私は怒りにまかせて叫んだ。

けれど二十五万円もの大金を出してパソコンを買ってしまったのだ。何とか使いこなさなければと、自分を叱咤し続けるしかなかった。

メールが何とか打てるようになると、アロンに手紙を書いて手紙でメールアドレスを送ってもらった。それからアロンとメールのやり取りができるようになるまでに、詳しいいきさつはおぼえていないが、手紙や電話で数回問い合わせをしなければならなかったような気がする。

それにしてもメールのやり取りは、たしかにいろんなことを大きく変えた。アロンと私は最初から英語でメールを交わした。私には何の考えも知識もなかったが、アロンは初期からのパソコンユーザーで、すでに在米台湾人ばかりかＩＴ関係のアメリカ人やカナダ人ともメールを交わしていたはずだ。だからその経験にのっとって、英語でメールを書くのがごく自然だったのだろう。英語を使ったことで、私は多くのトラブルを免れることができた。中国語や日本語を使うと、いまでも文字化けなどに悩まされる場合がある。もしもあのとき最初から英語を使わなかったら、私は試行錯誤の険しい一山をさらに越えなければならなかったはずだ。アロンによれば、あのころは中国語入力ソフトも開発途上で、いまよりずっと使い勝手は悪かったという。私のジャパニーズ・ウィンドウズで使うなど、少なくとも当時の私にはまったく不可能だったに違いない。

アロンと支障なくメールのやり取りができるようになったときの感激を、いまもまだおぼえている。ただアロンには申し訳ないが、それはメールの内容とは無関係だった。アロンにメールを送信して、偶然すぐに返信があったりすると、私はまるで生まれ故郷の台南が隣町であるかのような錯覚をおぼえた。あの湿気を含んだもわっと暖かい空気が肌に触れるような気がして、思わず涙が溢れ出たことさえある。まったく、自分の感情くらい不思議なものはない。

アロンは手紙でもあれほど筆まめなうえ、ほぼ一日中コンピューターの前に座っているわけだからよくメールをくれた。私たちはとても頻繁にメールをやり取りしたといってよいだろう。しかし相手がアロンとはかぎらず、割合重要なメールを書いているときに、よく頭に浮かぶ懸念がある。私はノンフィクション作品を書くときに、さまざまなことを考えたり調査したりする手だてとして、古い手紙をしばしば利用する。故人の手紙を入手するのはそれ自体が困難なことだが、運よく読むことができた場合には、思わぬ発見をしたり、予想外の人間関係をたどれたりすることもある。だが昨今メールが主たる通信の手段になってからというもの、後世の人々は手紙を頼りにいまのこの時代を読み解くということは、できなくなってしまうのではないだろうか。

それはそれとして現時点のことだけ考えれば、いかに筆まめのアロンでも、メールがなかったらあれほどたくさんの話を聞かせてくれはしなかっただろう。私が台湾に関して何か質問をすると、彼は熱心に答えてくれた。しかも彼はパソコンには熟達していたから、大きい地図とか、何十枚もの写真とか、厚い本一冊丸ごと送ってくれたことさえある。送ってくれたという言い方は正しくないのかも知れない。彼の指示に従って、ネット上のファイルボックスのようなところへ私がのぞきに行くこともあった。あるいは添付ファイルなどを送ってくれて、それを私が開くにあたっては、彼の指示通りの複雑な手順を踏まなければならない場合もあった。

ときには論争になったこともある。アロンはよほど頭にきたのか、一日に三通もの返信をよこしたりした。アロンにはすまないが、あのときの話題が何だったかは忘れてしまった。私から強く反論したこともある。あれは、私がアロンのメールから感じ取った台湾の多くの人が抱く日本人イメージへの反発だった。そういえば比較的最近、メールとスカイプ（インターネット電話サービス）と両方でかなり激しくやり合ったこともあった。

あれはたしか、台湾ニューシネマに関する話題だった。日本では侯孝賢監督はずいぶん有名だし、世界的にも一時は世界の五大監督に数えられたりしたこともあった。だがアロンは、『悲情城市』が話題になるまで侯孝賢監督をまったく知らなかったという。

台湾ニューシネマというムーヴメントに対する台湾での批判は、以前から私もいろいろ聞いていた。八〇年代初めに、低迷していた映画産業を盛り立てるため、政府は若手監督を抜擢して製作のチャンスを与えた。だが抜擢された侯孝賢や楊徳昌を含む七人の監督は、全員が外省人だった。人口比でいえば、当時でも外省人は二十パーセント足らずとされていたから、やはりこの結果は外省人偏重のそしりを免れられない。だから台湾ニューシネマを生み出そうという動きは、一般の台湾人から見れば、政府が資金を出してマスコミを牛耳る外省人たちがお祭り騒ぎをした程度にしか認識されなかったともいわれる。外省人に対する反発の強い台湾南部などでは、ニューシネマ作品など見向きもされないと言う声も聞いたことがある。台南に住むアロンが、侯孝賢監督を監督デビュー後十年という九〇年ころまで知らなかったのも、無理はないのかも知れない。

しかし一方で、台湾ニューシネマの幕開けと賞讃された『坊やの人形』（八三年）さえもアロンが見ていないというのは、私には意外な驚きだった。台湾ニューシネマのムーヴメントはそれほど小規模なものだったのか、と。なぜなら台湾では、この作品を「台湾語映画の復活」と評した人も少なくなかったからだ。台湾映画の不振を打開するために、国民党営の映画会社・中央電影公司では新人監督に製作のチャンスを与える一方で、台湾語使用の規制緩和にも踏み切った。映画のなかでの台湾語使用は事実上禁止されていたのだが、条件つきながら容認する姿勢をとったのだ。

台湾の映画製作を統括する立場にある中央電影公司は、新風を吹き込むべく呉念真《ウーニエンチェン》ら若手の企画部員を採用した。呉念真は台湾ニューシネマの主要な担い手のなかでは数少ない本省人のひとりだ。その彼が映画化するにふさわしい文学作品として選んだのは、台湾という土地で暮らす庶民の哀感をしみじみと描いて人気のあった黄春明《ホワンチュンミン》の小説だ。彼の短篇三作を集めたオムニバス映画『坊やの人形』は、台湾ニューシネマの台頭を告げる作品となった。脚本は三篇とも呉念真が担当し、第一部の「坊やの人形」は侯孝賢が監督した。田舎町の片隅で暮らす、若く貧しい夫婦の悲哀とささやかな幸せを描いた作品で、セリフは全部台湾語だった。侯孝賢監督はこの作品によって、ありきたりな娯楽映画監督から、人間の内面をじっくりと描く監督へと変身した。『悲情城市』への道のりは、ここからはじまったと言ってもいい。台湾映画に活気を取りもどそうとして台湾語の使用を認めた中央電影公司の施策は、映画の質を高める結果につながったことになる。

この話をすると、アロンは思いがけない反応を示した。

「国民党政府が台湾の文化のことなど考えるはずがない」とかみついてきたのだ。「彼らが、台湾語映画を復活させようとした？　笑わせるな」というのだ。「彼らにとって重要なのは観客数だけだ。チャンスがあれば、また、すかさず台湾語を弾圧するに決まっている」と。

私とアロンは互いに、割合辛抱強く相手の話を聞くことができる性格だと思う。だから私は、八〇年代初頭からの十年余り、自分の目で見てきた台湾映画や映画人の歩みを話そうとした。だがこのときばかりはアロンはいつになく感情をむき出しにして、話はうまくかみ合わなかった。台湾の外にいる私は、台湾政府の表向きの宣伝に乗っているきらいがやはりあるのだろうか。そしてアロンは、兵役のころに反共国策映画、愛国映画をたくさん見せられてうんざりし、台湾映画には関心をなくしていたという。それにアロンは、どうやらなぜか侯孝賢をあまり好きではない。彼が自分の半生を題材にした『童年往事』（八五年）などは、ちょうど時代背景が自分の実体験と重なるだけに、強い違和感をおぼえる箇所があるらしい。この話も、もしかすると意外に重要なテーマを含んでいるかも知れない。いつかアロンが怒りをおさめたころに、聞き出してみようと思っている。

それはともあれ、台湾ニューシネマのムーヴメントが政府に音頭を取られてはじまったのは確かだ。多くの欠点もあった。だがあれが結局のところ何を残したのか、あらためて検討しなければならない時期にきているのだ。

メールのやり取りをするようになってから、こうした数々の論争以外にも予期しない変化が生じた。メールでは英語を使っていたせいで、アロンと会って話すときも英語が混ざるようになり、次第に英語が増えていった。これにはメール以外にもきっかけがあった。アロンは四十歳を過ぎてからアメリカに留学した。そのせいで、文法ミスは多いものの英語でも饒舌に喋るようになった。ちょうどそんなころに私は夫と一緒に台南に行き、アロンに会った。夫は中国語は話せないが訥々とした英語なら話せる。だから私たちは英語で話をした。そんなこんなで私とアロンが英語で喋るのが不自然ではなくなっていった。

そしていま思えば、会話が英語になったことで、私たちが話す内容や感情までが微妙に変わっていったような気がする。

何よりも大きい変化は、アロンが私のために標準中国語を話さなくてよくなったことだ。アロンはもちろん中国語を使うのに不自由はないが、必要なとき以外は話さない。家族とは台湾語しか話さない。私の前でも家族同士の会話は台湾語だから、私にはうまく聞き取れない部分もあり、会話にくわわれないこともある。一度何かの折りに、彼らに言ったことがある。

「私がいるときは、中国語で話してくれると便利なんだけど」

するとアロンと妻は複雑な表情で互いを見交わした。しばらくして、アロンが申し訳なさそうに英語で言った。

「言葉に罪はないさ。ぼくは中国語は嫌いじゃない。読んだり書いたりは、よくするほうじゃないかな。だけど中国語を喋ることに関しては、イヤな思い出が多すぎるんだ。これはたぶん、国民党政府が中国語を支配の道具として使ったせいだと思うよ」

妻はこう言った。

「国語（台湾人は標準中国語をこう呼ぶ）を喋るのなんて、子供たちに英語を教えるときだけで、たくさんよ」

思えばメールであれこれお喋りをしたせいで、私は赤恥をかいたこともある。私が初めてアロンに会い、生家まで同行してもらったあの日、アロンはとても忙しかったのだそうだ。申し訳ないことをしたと思ったが、もう遅かった。

あのときアロンは、会社を辞めて家にいるようになってから息子と話す機会が増えて嬉しい、と言った。これで息子が台湾語を忘れないだろうから、とも言った。

けれど、そもそもアロンが会社を辞めた理由が、自分自身がもっと台湾語に専念したいからだったという話は、あのときアロンはしてくれなかった。アロンは若いころからコツコツと台湾語の研究を進めてきた。仕事のかたわら、コンピューターサイエンスの勉強にも取り組んできた。その両方を生かして台湾語のプログラムをデザインする仕事をしたいという夢を、もう先延ばしできなくなった。そこでそれに本格的に取りかかるために、とうとう会社を辞めたのだった。

私がアロンに訪ねたい旨の手紙を出し、承諾の返事もないままアロンの家に押しかけたあのころ、アロンはプログラミングの仕事が非常に好調に進んでいて、中断することができないほどだったという。アイディアがつぎつぎに湧いてきて、毎日十二時間もの時間をプログラミングに費やし、三度の食事もコンピューターの前ですませるありさまだった。真夜中にアイディアが浮かぶこともあった。するとすぐさま起き出してコンピューターに向かい、試してみる。アイディアは順調にふくらんでいき、思わぬ具合にそれまでの難問を突破できてしまう。そうこうするうちに次第に夜が明け、その日のうちにプログラムを書き上げたりした。そんな日々を過ごしていたのだという。

アロンは、生家を見て回る私につきあって帰りにソバまでご馳走してくれたあいだ、いったいどんなことを思っていたのだろう。

図書館の隣の台北工専

アロンがいま力を注いでいる台湾語のプログラムをつくる仕事は、言うまでもなくコンピューターがあってこそできるものだ。だが彼のコンピューターとの出会いは偶然にもたらされたものだ。

アロンが初めてコンピューターというものに接したのは一九七一年、台北工業専科学校（台北工専）の学生で二十一歳のときだったという。

そうか七〇年ごろにはこの辺にアロンが出没していたわけか、と私はそのあたりに行くたびについ立ち止まって街並みを眺め回す。そのあたりは台北に行く機会があれば、時間をつくってよくかよう場所だ。というのもそこには植民地時代の文献がたくさん所蔵されている国立中央図書館台湾分館があって、その隣が偶然にもアロンの母校・台北工専なのだ。

八三年に私が初めて台北を訪れたころは、町のようすはいまよりもずっと雑然としていた。ホテルに荷物を置くとすぐに、私はその町のなかへと歩み入った。私は台北にいる、と思うだけで心が躍った。私は台北をタイペイと言い慣らわしているが、父母の話のなかではこの町はタイホクと呼ばれていた。懐かしげに語り合う父母の会話を、子供のころよく耳にした。父母が初めて二人で所帯を構えたのがここなのだ。台北の混雑する通りを、私は方角も何も考えずにただ歩いた。あのころの台北は目抜き通りでも交通信号は少なく、人や車の動きも無秩序そのもので、一台のオートバイに一家五人が乗って突っ走る光景などもざらだった。

大通りに椰子の並木が高くそびえる光景に、私は足を止めた。見覚えがあったのだ。家のアルバムのなかに、父が珍しく麻の背広にカンカン帽というかしこまった姿で立っている写真があった。その背景がこれだ、この並木道だ、と私は思った。案の定、近くに台湾大学病院があり、そのずっと先には台湾大学があった。それぞれの前身は、台北帝国大学病院、台北帝国大学で、ともに父の勤務先だった。

話に聞いていただけ、あるいは古い写真で目にしただけの事物に、苦労して探したわけでもないのに出くわした。その驚きに突き動かされてなおも闇雲に歩いた。そうやって見つけたもののひとつが国立中央図書館台湾分館だった。閲覧室に入るのに、入口で記名するだけでいいという簡便さが気に入った。女性職員は日本語を学んだ年代らしい。言葉遣いは「鞄はそこに置きなさい」などと命令調だが、とても親切だった。たぶん女学校時代の教師の口調を無意識に真似ているのだろう、と私は想像した。

私はこの図書館にかよって文献をつぎつぎに繰っていくうちに、思いがけなく台湾総督府職員名簿の片隅に父の名前を見つけた。帝国大学はいまでいえば国立大学だから、こんなところにも名前が載せられたのだろうか。私の父はどうも現実逃避癖があったように思う。だから思い出話なども、おもしろおかしい味付けをせずには語れなかった。台湾赴任についての話もそうだ。二十代半ば過ぎのある日、父は勤務していた東北帝国大学で上司の教授に呼びつけられた。教授は電報用紙に電報代の硬貨を載せ、「電報を打ってきてくれ」と言った。見ると電報の文面は、「タムラヤル」とある。「それで決まりさ。それで台湾へ行ったんだ」と父は言った。

その背後にあったさまざまな事情などは一切語らない父の話は、いつも雲をつかむようなものだった。それを実体を帯びたものにしてくれたのは、国立中央図書館台湾分館で読んだ文献だった。父が台湾に行ったのは一九三八年だ。台北帝大では三六年に医学部が設置され、三八年には内科が拡充されたというから、それにともなって人が集められたのだろう。父は、台北帝大では夜も昼もなく研究室に入り浸って実験三昧、あんなに楽しい日々は生涯そうはなかったな、とも語っていた。台北帝大医学部を南方医学研究の拠点にするとの構想があったおかげで、研究費などはとても潤沢だったとやはりこの図書館にあった文献で読んだ。

思えば人生の綾というものは不可思議というしかない。父はそんなふうにして台湾へ行ったが、私はロンドンで偶然見た台湾映画がきっかけで台湾へ導かれた。いやそれよりだいぶ前に、私はドキュメンタリー映画を製作するための必要に迫られて中国語を学んでいた。中国で文化大革命が進行しているさなか、日中国交回復の翌年の一九七三年に、新潟県の過疎化が進む豪雪地帯に中国語研修所ができた。新潟で長らく日中友好運動に献身してきた人たちが設立したのだ。集められた学生は、うち捨てられた家屋や田畑を使って自給自足で暮らしながら生きた中国語を学ぶことになっていた。村人たちは「若人を集めて、村を復活させる」との構想に希望を託し、家や田畑を貸してくれたという。私がこの話に惹かれたのは、この企画のモデルである毛沢東の五七幹部学校のためではなく、むしろ、自然回帰ともいうべき生活形態だった。ちなみに五七幹部学校というのは、肉体労働も知的労働もできる幹部を養成するために何もない土地へ青年男女を送り込み、衣食住を自らの手でまかないながら勉強して、ついには村を建設してしまうというものだった。私はこの新潟の中国語研修所の成り行きを見たいがため、ドキュメンタリー映画をつくる企画に加わり、自ら現地に住み込むスタッフとなった。何年かかっても村が復活するのを見届けたい、そしてその村で暮らしたい、と本気で考えていた。

しかしこの過疎村にできた中国語研修所の教育法はといえば、ズブの素人が考え出した無謀なものだった。学生にはしょっぱなから中国語だけで生活させようというのだ。教師は北京から呼び寄せられた元紅衛兵の青年だった。鍬を担ぎ畑へ向かいながら、中国の青年たちがいまうたっているであろう歌を、私たちも中国語で高らかにうたったものだ。「決意を固め、犠牲を恐れず、万難を廃し、勝利を勝ち取ろう」などと。いま思い出すとめまいがする。だがともあれ、私もそこで暮らすからには中国語で話すしかないわけだから必死だった。田植えに合わせて開校された学校は稲刈りを終えて豪雪の冬を迎えた。そんなふうにして足かけ三年ほどかけて、映画はともかく完成した。そして私たち生徒は、元紅衛兵の青年にたたき込まれた北京訛りの中国語を身につけた。

その中国語のおかげで、私はロンドンで初めて台湾映画を見たときにセリフが理解できたのだ。それで台湾映画に興味を惹かれ、台湾まで行き、台湾映画を紹介する仕事を始めた。台北の人々が話す中国語と違って、北京訛りの舌を深く巻く中国語しか話せない私は、もしかするとなりふり構わぬ形相をしていたのだろうか。

IBM1130

アロンは高校を出ると台南を離れて台北工業専科学校に入学した。つまり私がよく知る台北のあの図書館界隈で生活し始めたことになる。台湾では学校と名のつく施設は、小学校でさえとても立派だ。それから見れば台北工専は、交通の激しい大通りに面してぐるりと塀をめぐらせた、割合こぢんまりした学舎だ。理科系トップクラスの学生が集まるところだったそうだが、私の学生時代と同じようにアロンたちも皆がいまより貧しく、一方で生真面目さや熱心さはたっぷりと持ち合わせていたのではないだろうか。たぶんアロンも、質朴で勉強熱心な学生のひとりだったことだろう。

台南で育った人は、台北に行くとまず言葉の面で違和感を感じる、という話を林瑞明《リンルイミン》から聞いたことがある。林はアロンと同い年で、しかも同じ台南出身の文学史家だ。数年前まで台南にある台湾文学館の館長だった。林瑞明は、高校時代に台北に行ったとき周囲の言葉ががらりと「国語」に変化するのにショックを受けたという。しかも彼らが子供のころは、台南と台北では言語環境だけでなく、文化環境の差も大きかった。たとえばラジオ放送を聞いても、言葉が国語というだけでなく、内容自体が自分たちの生活とは大きくかけ離れていて分かりにくかったという。

けれども家庭環境などを考えれば、もっとどっぷり台湾語世界に浸かっていたはずのアロンは、こともなげに「いやべつに大した違和感なかった」と言う。台北工専でも南部から来た同級生とは台湾語で話をしていたし、台北の町でも萬華《ワンホア》など台湾語が使われる場所へ出かけることが多かった。「ああいう下町のほうが、食べ物なんかも安いしね」というのだ。台北工専ではアロンは土木機械を専攻したという。

アロンが三年生になった一九七一年のことだ。台北工専では五百万元を投じてコンピューターを購入した。機種はＩＢＭ１１３０で、比較的小型のものだった。高価なコンピューターを新たに導入するにあたって学内にはコンピューター・センターが開設され、機器類の試運転がはじまった。

授業では新たにコンピューターの講座が開設されたが、何しろ初めてのことだから手探り状態だった。アロンもさっそく「コンピューター応用」という講座を受講してみた。講座名はもっともらしいが、実際に学んだのはフォートラン、つまり科学技術計算向けのプログラミング言語だった。教科書というべきものもなく、英語で書かれたコンピューターのマニュアル「FORTRAN IV PROGRAMMING Based on the IBM System 1130」がそのまま教科書として使われた。

アロンは英語が苦手だった。

アロンが幼いころ、父親の病気などが原因で家計は一時逼迫《ひっぱく》したという。だがアロンが中学から高校にかけて、父親の仕事が波に乗り出した。両親は若いころから既製服の製造や洋服の仕立てをしていたのだが、父親はこの好機をとらえて仕事の手をひろげた。たぶん四人の子供のためにもいま頑張らねばという気持ちがあったのだろう。アロンは長男だったから、父母からは一人前の労働力としてあてにされた。中学から高校にかけては学校から帰るとすぐに、父親の手伝いに取りかかるという日々だった。仕立て上げた服にアイロンをかけて自転車の荷台に山積みにし、得意先に届ける。職人を雇い入れて十台ものミシンを使っていた時期もあったが、ミシンのメンテナンスや簡単な修理はアロンの仕事だった。

学校の勉強をする時間はなかった。それでも数学などは何の問題もなくよい成績をキープできた。けれど英語は予習復習ができなかったのがたたって、苦手科目になってしまった。

台北工専で初めて学ぶコンピューターの教科書が、すべて英文で書かれているのを見てアロンは焦った。仕方がないので英語の参考書を二冊買ってきて、二カ月かけて高校の英語を勉強し直した。それでなんとか授業についていけるようになったのだが、そうなってみるとコンピューターとは相性がよさそうだった。

アロンはいまでもそのコンピューターの教科書を大切に保存している。見せてもらうと第一章には、私の目にも古めかしい感じがする四枚の写真が載っている。コンピューターを構成する四台のマシンだ。一枚ずつキャプションがついている。セントラル・プロセッサー、カード・リーダー、プリンター、キー・パンチャーだ。それぞれがオフィスのデスクほどの大きさだったそうだ。当時はコンピューターの講座を履修した学生でも、これらのマシンを実際に目にするチャンスはなかなかなかったという。アロンはたぶん持ち前の好奇心で、うまくチャンスをつかまえて実物を見る機会を得たのだろう。それにしても広いひと部屋を優に占めてしまうこの四台のマシンをあわせても、いま私たちが自宅のデスクで使っているパソコンの性能にさえ遠くおよばなかったというから、この間のコンピューターの進歩はやはりすさまじい。その激流のなかへと、このときアロンは泳ぎ出たことになる。

最初の授業で、教師は学生に向かってこんなふうに挨拶したそうだ。彼は学生とあまり年齢が違わないような若い助手だった。正規の教師の代理として、コンピューターの授業を受け持つことになったのだ。

「ぼくは君たちと同じで、コンピューターの勉強をはじめたばかりだ。だからお互いに学び合おうじゃないか。よろしく頼むよ」

はなはだ心許ない状況のなかで、アロンは三学期かけてコンピューターの初歩を学んだ。いまもおぼえているのは、最後のほうでプログラミングの練習問題を二問やっと解いたことだ。だが教科書は途中までしか進まなかった。サブプログラムまで学ぶことはできずに学年は終わった。アロンはコンピューターと格闘したという実感だけはいまもあるというが、その結果の成績は八十二点だった。

台北工専の話を聞いたなかで、私にとって興味深かったのは、アロンが熱を込めて語ったコンピューターのことではなかった。その合間にはさまれた、ふとしたエピソードだ。アロンの同級生は二十七人だったが、最後まで国民党に入党しなかったのは、アロンひとりだったという。当時は入党の勧誘はあらゆる場面であった。政治的な主張よりもっと身近なことで、人々は勧誘にのった。たとえば就職のさいに何かと有利だとか、楽しいイベントに参加できるということだ。だとするとアロンが入党しなかった理由も、政治的な主張というよりももっと些細な、たとえば好き嫌いの感情なのではないかと私には思えるが、アロンはこの話はあまりしたがらないので分からない。

思えばアロンの人生は、生まれたときから戒厳令下にあった。しかも解除されるまでの三十八年間、つまり三十八歳までを戒厳令下で過ごした。それが当たり前になってしまっていたわけだから、アロンと話していても戒厳令のことが特別話題になることはない。

けれども私は旅人の身でありながら、戒厳令下の怖さを肌で感じたことが二度ある。この話をすると日本の友人たちは、私をおっちょこちょいだと冷笑ないしは嘲笑する。恐怖の経験のひとつは、こんなことだ。

台北市の西側を流れる淡水河に台北大橋という橋がある。ある夕暮れどきに、その橋のたもとのうらぶれた一角を見に行った。ここでは詳しい説明は省くが、そのとき製作に協力していた台湾映画に関連して、私には見ておきたい場所のひとつだったのだ。下層労働者を相手にする小さい茶店や棺桶屋などが並ぶ通りを歩き回って、さてホテルに戻ろうと河の土手下の大通りでタクシーを待った。いつもなら空車がすぐに捕まるのにその日にかぎってなかなか来ない。ふと土手を見上げると、コンクリートの壁面に鉄棒が梯子状に取りつけてある。この時間だと対岸の夜景がきれいだろうなと思い、ほかのことは何も考えずに登りはじめた。するともう少しで土手に着くかなというあたりで、目の前に何かがぬっと突き出された。銃口だった。夜空に白いヘルメットが浮かび、そこには「憲兵」の文字があった。身動きもできないまま、どれくらいの時間が経過したのだろう。脚の震えを意識したころ、銃がそろそろと引っ込められて、ことなきを得た。あとで台湾人の友人にこの話をすると、大きい橋は軍事上の要衝だから、憲兵が守備についていることぐらいは常識だと言われ、軽率さを恥じた。

もうひとつの恐怖の経験も披露してしまおう。一九八七年に戒厳令が解除されて、その翌年ごろのことだ。私が台北に行くことになったとき、日本に住んでいる台湾人の友人から「党外雑誌」を買って来てくれと頼まれた。当時は反国民党の主張を掲げる雑誌を、こう呼んでいた。その友人は留学生として日本に来て学生寮に住んでいたとき、留守中に部屋を荒らされたことがあった。間もなく留学生仲間に国民党のスパイがいたことが分かり、しかも自室からマルクスの著書がなくなったことも分かったため、彼は自分が左翼思想の持ち主だと密告されたことを恐れて台湾には帰れなくなってしまったのだ。私は彼のために台北の町で数冊の党外雑誌を買い集めた。当時そういうたぐいの雑誌は、書店ではなく道端の屋台で売られていた。

さて帰国する際に台北の空港で荷物検査をされたときのことだ。検査官は、私が買った何冊もの本や雑誌のなかから党外雑誌だけを手際よく抜き出して没収し、横柄な仕草で「もういい、行け」と指図した。その態度に腹が立ち、私はつい「取り上げるなら代金を返して欲しい。私はそれを自分の金で買ったのだから」と言ってしまった。するとその検査官はすばやく私の腕を取り、別室に連れて行き、ここで待つようにと言った。その部屋までの細い廊下がとても長く感じられたことはいまでもおぼえている。検査官はどこかに電話をした。何回かダイヤルを回し直したが、どの相手も出ないらしい。「クソッ、今日は日曜日だ」と彼は舌打ちした。そして私の腕に没収した雑誌を押しつけ「早く行け、とっとと消えてくれ」と言った。再び長い廊下を逆方向へ歩きながら、そのときになって初めて、私は背中に冷や汗が流れるのを意識した。

このくらいの経験なら、多くの台湾人がしているのだろうか。それをアロンに質問してみたことがある。戒厳令が解除されたいまになって振り返れば、戒厳令下で暮らすというのはどんなことだったか、と。アロンは、とくに感情を込めることもなく、たんたんとこう答えた。

「海に釣りに行くときでも、山へ遊びに行くときでも、いちいち届けを出さなければならないというのが戒厳令下の生活だ。あ、もうひとつ。戒厳令下では、警官は令状も理由もなく、好き勝手な時間に寝室にだって踏み込める。ウソだと思うだろうがほんとうだよ。ぼくが子供のときに、実際に真夜中に警官に踏み込まれたことがあるんだから」

兵役待機中のプログラミング講座

台湾では男子全員に二年間の兵役が課されている。社会に出る前にこの兵役義務を果たさなければならない。

兵役というのは、日本で育った私には非常に想像しにくいことのひとつだ。しかし台湾映画には当然ながら兵役にまつわる話がよく出てくる。侯孝賢監督の『風櫃《フンクイ》の少年』（八三年）は、兵役という現実に直面した少年の戸惑いを巧みにとらえていた。潮風が吹き抜ける澎湖島《ポンフー》の海辺の町から大都会・高雄へ出てきた少年が、胸躍らせて大人の社会へと踏み出す。つまずいたり惑ったりの日々を過ごしていたある日、友人に兵役の知らせが届いたと知って、初めて現実に直面したかのように表情を引き締める少年が印象的だった。やはり侯監督の『恋々風塵《れんれんふうじん》』（八七年）では、兵役中に幼なじみの少女が結婚してしまったことを知って号泣した少年が、兵役を終えて実家に戻ってくると、数年分の老いを重ねた母親や祖父に、大人のような視線を注ぐようになっている。

兵役はやはり重い出来事に違いない。

アロンの場合は台南第二高級中学（高等学校にあたる）を卒業すると、十八歳で二カ月の軍事訓練を受けた。台北工専を卒業すると、社会に出る前に残りの兵役を果たさなければならない。そこでアロンは予備軍官試験を受けた。試験に合格したので、六カ月間兵工学校で学ぶことになった。もしもこの試験に受からなかった場合は、兵役の期間を兵卒として過ごすことになり、それはそれで大変なのだという。

兵工学校の授業がはじまるまでに、二、三カ月の待機期間があった。するとちょうどそのとき台湾大学の電機学科で「コンピュータープログラミング講座」が開かれることを知ったので、アロンはそれを受講することにした。期間も二カ月だから時間つぶしにももってこいだ。

この講座の受講者は、コンピューターに興味がある人というよりも、将来海外留学を目指している人が多かった。というのもこの修了証があれば、留学した際にコンピューター関連科目の三単位が免除されることになっていたからだ。アロンは当時は海外留学を希望しているわけではなかった。それにこのときはまだ大学の学位もなかったから、修了証をもらってもそれを有効に生かせるあてもなかった。それでも二千四百元を払い込んで受講の申し込みをした。この金額は大学の一学期の学費とほぼ同じというから、彼にとっては大金だった。

「ということは、将来コンピューターを駆使して台湾語の辞書をつくろうという構想が、ぼんやりとではあれ、すでにあったということ?」

そう尋ねるとアロンは、しばらく当時を思い出すような目をしてから、苦笑いしてこう言った。

「いや、そこまではコンピューターを知らなかった。それよりも花の大学生活を味わってみたかったんだ。もちろんコンピューターに興味はあったけれどね」

アロンの父親は、アップダウンの大きい人生を送ったらしい。アロンが生まれたころは裕福で、服や帽子やブーツなど贅沢なものを着せられていたという。けれど四歳のとき、父の病気が引き金となり一家は離散状態になって、アロンは叔母夫婦のところに預けられた。一年ほどで家に帰ることはできたが、病気の父を助けて働く母はとても忙しく、アロンは皆より一年早く小学校に入れられてしまった。

中学生になると、父母が一緒にやっていた洋服の仕立ての仕事が次第に波に乗り出した。このころはアロンは両親の仕事の手伝いを一人前にこなし、なかでも十台を超えるミシンの手入れは、機械いじりや工作の好きなアロンには楽しい仕事だった。

アロンの工作好きのしるしをとどめる名誉の傷跡が、眉の上に残っている。中学のときにロケットをつくろうと考えて、花火を分解して火薬を集めていた。学校の休み時間に火薬を筒に入れていると、突然大きな音を立てて爆発し、筒の破片が額をかすめた。あたりは騒然となり、アロンは担架に乗せられ保健室に運ばれた。傷は幸いかすり傷程度のもので、ほかには負傷者も出さずにすんだ。額に絆創膏を貼って教室に戻ったアロンは、たちまち英雄のように祭り上げられたというから、なんとも牧歌的な時代だったのかも知れない。

父親の仕事の手伝いで忙しく、家では勉強する暇はなかった。それでも理科系の科目は一貫して優秀な成績だったアロンに、とりわけ熱心に進学を勧めてくれたのは義母だったという。彼女は経済的な援助まで具体的に申し出てくれた。

この義母というのは、台湾の習慣で血縁とは無関係に親戚関係を結んだ間柄の義母のことだ。義父を乾爹《カンディエ》、義母を乾媽《カンマ》、あるいは義理の息子を乾児子《カンアルズ》などと呼び、ときには血縁をしのぐような親密な関係を持続していく。アロンにも乾媽がいた。彼女は母親の知り合いにあたるのだが、自身もそれほど裕福ではないのに、学費を出すから進学するようにと励まし続けてくれたという。幸い父親の経済状態がよくなったので義母の援助は受けずにすんだが、アロンはいまでも正月などの機会を捉えて、挨拶に立ち寄って礼をするのを欠かさない。

アロンはいま大半の時間をコンピューター相手に過ごしているが、一方で熱心なクラシック音楽ファンだし、かなりの文学好きだ。歴史書や哲学書もよく読む。周囲の勧めと英語が苦手なせいで台北工専に進んだものの、幅広い知的欲求を満たしたかったのだろう。台湾随一の台湾大学に対する憧れは心中にくすぶっていた。

さて兵役を目前にしたアロンは、台湾大学のコンピューターの短期講座にかよいはじめた。台湾大学のコンピューターはCDC3150で、台北工専よりずっと性能がよかった。値段もたぶんずっと高かったはずだ。一千万元ぐらいしたのではないだろうか、とアロンは言う。

開講された「コンピュータープログラミング講座」には、七科目の授業があった。コンピューター概論、フォートラン、数値分析、コボル、作業管理、プログラミング技術および作業研究などだ。コボル、というのはCOBOL（Common Business Oriented Language）で、プログラミング言語のひとつだ。フォートランと違って、事務処理計算用言語で英文に近い記述が可能だから、汎用性が高い。また数値分析と作業研究は、どちらかを選択すればよいことになっていた。

短期間で受講生を寄せ集めた講座とはいえ、講義は中身がぎっしり詰まって充実していた。教師陣もなかなかだった。そのうえ学費は高いわけだから、必死で頑張らざるを得ない。

アロンは週に五日間、昼間はコンピューターに取り組んでレポートを書き、夜は講義を聞いた。そのうち週末も休日も大学に行くようになった。こうなるとどんどんのめり込み熱中していくのがアロンの性格だ。彼自身そのころの自分を、文字通り寝食を忘れて勉強をした、と語る。毎日自習室でくたくたになるまで勉強しているうちに、仲間の学生からは教師の助手のように扱われるようになった。彼らがつぎつぎに助けを求めてくる。全員に対応することなどはとてもできなかった。知らぬ間に粗略に対応してしまった女子学生から、「ケチンボ」となじられたりした。

台湾大学で学んだ二カ月間は、とても楽しい思い出のひとつだそうだ。アロンはいまでもこのときのノートを手元に保存している。作業レポート、箱一杯のカード、それにCDC３１５０の操作マニュアルなども大切にしまってある。

それらを見せてくれながらアロンは、現在のハイスピードのマシンに慣れた若者には、あのころの入力方式など想像もできないだろう、と言った。

あのころはプログラムは必ずコーディングシートに書かなければならなかった。コーディングシートというのは、コーディング専用につくられたＩＢＭの80行のカードなのだが、まずそこにプログラムを書く。そのカードをセンターのパンチャーに渡してキーパンチャーで穴を開けてもらう。

翌日それを受け取って打ち間違いがないか確認し、コンピューターの順番待ちをしたうえでコンピューターに向かう。さらに一日かけてその結果を受け取る。運よく一回でOKなら小躍《おど》りして喜んだものだ。運悪くプログラミングにミスがあれば、もう一度最初からやり直さなければならなかった。たった一回のプログラミングのためにコンピューター・センターに五、六回足を運ぶなどは、べつに珍しいことではなかった。

このプログラミング講座の最後の修了試験に無事合格して、アロンは修了証をもらった。だが講義はやはりかなり難しかったとみえ、同級生の半数が不合格だった。それだけに二カ月間の集中講義と猛勉強で、アロンはコンピュータの基礎をしっかり身につけることができたという。その後の紆余曲折のなかで長年かけてコツコツとコンピューターの知識を増やしてきたという自負はあるが、その基礎となったのはやはりこの講座だった。いまはコンピューターを操って台湾語のプログラムを日々改善し、充実させようと試みる日々だ。この講座は自分の仕事に非常に役立った、といまでも思う。

あのときのプログラミングの先生は、こんなことを話して聞かせた。

「この修了証書は、君らが基本的なプログラミングの能力があるということを証明している。だが慢心してはいけない。この道は険しいぞ」

アロンは二十一歳だった。このときは自分が将来プログラマーになるとは、思ってもいなかった。

アメリカから帰国したばかりのべつの教師は、こう強調したという。

「コンピューターは変化も進歩も非常に早い。この分野に携わるなら、常に新しい技術や知識を吸収し続けなければならない。怠けているとすぐに落後してしまう」

だがアロンは、そのままプログラマーへの道をたどることはできなかった。まず兵役をすませなければならなかったからだ。こんなにコンピューターに夢中になっていた日々を断ち切られ、軍隊に入らなければならなかったのだ。だがアロンは、当たり前のこととしてそれを受け入れていた。

各地の台湾語に触れる

兵役につく日がやって来た。

アロンはすでに兵役の一部は消化していた。高校卒業後に二カ月の軍の訓練を受けたし、台北工専卒業後にコンピューターの講座を受けた後、兵工学校で六カ月間学んでいたからだ。これらの期間を除くと、兵役義務の残りはあと一年四カ月ということになる。アロンが派遣されたのは中国大陸に近い馬祖《マツ》島だった。当時そこでは、中国とのあいだで銃撃戦が続いていた。だから馬祖島に行くというのは、戦地に赴くような悲壮さがあった。

九〇年代半ばに、台北で行われた映画祭で『単打双《タンターシュアン》不打《プーター》』という映画を見たことがある。金門島出身の董振良《トンチェンリャン》監督が、金門島で撮った作品だ。映画製作はほとんど台北に集中しているなかで、地方のしかも離島でつくられたこの作品は異彩を放ち話題を呼んでいた。金門島では中国との銃撃戦が五八年から二十年間も続いていた。タイトルが意味するように、奇数日には戦闘が行われ、偶数日はお休みといったまるでゲームもどきのものだ。けれども現地に住む人々は、砲弾を避けながらの生活を強いられる。台湾では金門島や馬祖島は国防の最前線ということで、とかく反共思想を鼓舞したり国力を誇示したりという語られ方ばかりしてきた。七〇年代ごろは柯俊雄《クーチュンション》などの人気俳優を主役に勇敢に戦う兵士の物語が量産されたものだ。だが『単打双不打』はそんな半戦争状態で暮らさざるを得ない島の住人たちのやりきれなさを色濃くにじませていて、こういう映画ができたことに驚き感慨をおぼえた人も多かったようだ。この映画の内容をアロンに話してみると、彼は、馬祖島でも住民の状況は似たようなものだったのだろうな、自分は軍隊のなかにいたから詳しくは分からないが、と言った。

兵役につくにあたって、アロンは写真屋で身分証に貼る写真を撮った。いつになくきちんと身支度をして、カメラの前では緊張して居住まいを正した。その写真が遺影になるかも知れないという思いが、口にはせずともアロン自身にも家族にもあったという。

アロンは馬祖島に向けて台南を発つその日から、兵役期間を終えて馬祖島を去る日まで一日も欠かさずに日記をつけている。日記を見せてくれと頼むと、驚くほどあっさり「いいよ」と言って二冊のノートを差し出した。他人の日記を読むなど、あまりいい趣味とは思えない。私は半分戸惑いながらノートを開いた。

ページを開きながら思ったのは、メールやインターネット電話など新しい通信手段を使って築いてきたつきあいの特殊さだ。私たちは主としてメールで、近くに暮らす友人同士と同じくらいの量の会話を、いつの間にか重ねてきたようだ。だから互いのことはかなりよく知っているが、実は遠く離れて暮らしていて、会う機会もまれだ。そのせいで具体的なしがらみはほとんどない。透明といえば透明、味気ないといえば味気ない不思議な間柄だ。だからアロンは平気で日記を見せることもできるのではないだろうか。いや、もしかするとアロンは、日記は中国語で書かれているから、私に微妙なことまで分かるはずはないと踏んでいるのだろうか。

日記は一九七三年一月一日にはじまる。翌二日にアロンは両親らに見送られて台南駅を発った。台北で親戚や知人に会って、餞別と言うべきか祝いというべきか分からないが、当時としてはかなりの大金であろう千元をプレゼントされた。アロンはその金で思い切って革の手袋を買い、基隆港《キールン》に向かった。ここにも友人たちが見送りに来てくれた。

三日の朝には基隆港に着いたのだが、ここで待機させられ、五日夜になってやっと軍艦に乗船した。「軍艦といっても戦車揚陸艇だったのにはちょっとがっかりしたが、次第に遠ざかる基隆港の夜景はとても美しかった」とアロンは書いている。船が沖に出て行きだいぶ進むと中国大陸が見えてきた。「いつかあの父祖の地に必ず帰って見せる」などと、いまのアロンだったら絶対に言わないようなことも書いている。アロンたちはそう教育されてきた。だがいまでは自分は台湾人だ、中国人とは違うと考える人が多くなっている。

馬祖島での任務は厳しかったし、常に危険がつきまとっていた。とくに兵卒たちの任務は過酷だった。海岸線で監視の任務についていた幼顔の残る兵士たちが、恐怖と寒さで死人のような顔色をしていたのがいまも脳裏から離れない、とアロンは言う。中国大陸に間近い馬祖島では、戦争の冷酷さをかいま見ることもあった。だがこの詳細については、アロンは妻にも語ろうとはしないそうだ。

アロンは機械小隊の隊長だった。大学で機械工学を学んだ者たちで編成され、台湾随一の精鋭部隊といわれた。おもな仕事は車輛や機器類のメンテナンスなどだったが、それ以外にも何でもやらされた。大勢の前で、三民主義についてというようなテーマで講義をさせられたこともある。たくさんのことを経験した。アロンはそれなりに優秀だったのだろう。軍に残らないかとの話もあったが、あっさりと拒否した。

いまアロンと話していると、彼の声はささやくように静かだ。体つきも敏捷そうではあるが、ほっそりと華奢だ。だが兵役についた二十歳そこそこの若い時期には、エネルギーもあっただろうし自分の力以上に頑張りもしただろう。そのころの写真を見せてもらうと、小隊の集合写真では最前列中央にアロンが写っている。見違えるばかりに上体をそらして胸を張り、髪もきれいに七三に分け、両脚を大きく広げて腕を伸ばし、拳を膝につっぱって威厳を見せている。

「みっともない」とアロンは、いったんは私に見せたその写真を、私の目の前から引き戻し、しまい込んでしまった。

精鋭部隊などというおだてにのった自分がたまらなく嫌だという。自分が大声で号令をかけると、初老の軍曹が震え上がって食器を床に落としたことがあった。彼らは少年のころに何も分からず国民党軍に入れられ、中国大陸から台湾へと連れてこられた。文字の読み書きができない人も少なくない。そのままずっと軍隊のなかだけで過ごし、故郷や家族への思いを胸の底に抑え込んできた。彼らを脅かすような声を出すことを、心の隅で自慢にしていた自分が恥ずかしい、とアロンは言う。

軍の任務には最後まで馴染めなかった。しかし訓練は役立つと思った。避けられないなら役立てるしかない、と自分に言い聞かせた。訓練を通して、身体や精神を鍛えて自分を変えていく方法を学んだ。そのせいで体はかなり頑健になった。大きいバケツを山の上まで早足で運ぶとか、十キログラムもの銃や装備を身につけて走るとか、水のなかを歩くとか、普段だったら絶対やらないようなことをやらされたからだ。

もちろん不合理なバカバカしいこともたくさんあった。

アロンは私のしつこい質問に答えて、思い出すのも嫌なのだがと言いながら、いくつか例をあげた。たとえば食事の前後や就寝時には大声でスローガンを叫ぶことになっていた。暑い日差しのなかで、三時間も身じろぎもせずに立ち続けることを要求した上官もいた。あのスローガンというのはほんとうに無意味だ。「我らは世界最強の部隊なり！」などと叫ぶのだ。そうだ、こんなのもあったと、アロンは紙に書いてみせた。「奉行領袖遺志、服従政府領導、消滅萬惡共匪、解救大陸同胞」。「領袖の遺志を継ぎ、政府の指導に従い、共産党の極悪をやっつけ、大陸の同胞を救え」というような意味になるだろうか。

全部我慢してやるしかなかった、とアロンは言う。

だが考えてみれば、私もずいぶん不合理なことをしていた。ちょうど同じころに私は、新潟の山のなかで毛沢東礼讃の歌を大声でうたったりした。不合理なことでも、やっている最中はそれはそれで爽快さもないではない。それはたぶん、アロンも同じだったのではないか。しかも私の場合は、あのころは世界が文化大革命に強い関心を寄せていたし、大学時代の友人のなかにも毛沢東に心酔して熱弁をふるう学生が何人かいた。「三大差別の解消」などのスローガンがほんとうに実現されるとよいがと、私は本気で期待を抱いた。けれども思えばあの過疎村の中国語学校で、私たちは元紅衛兵だった教師から、文革中の血なまぐさい闘争のおぞましい話もたしかに直接の体験談として聞いたのだ。それでも教えられるままに毛沢東礼讃、文革礼讃を歌い続け、唱え続けたのはいったいなぜだろう。それが中国語学習の一環だったとはいえ、だ。


「兵役のときに、とても興味深く思ったことがある」と、アロンはいつもの穏やかな笑顔に戻った。それは台湾語に関することだった。

馬祖島には台湾全土から若い兵士たちが集められていた。兵役に就いている間は、国語、つまり標準中国語を使うようにと規則で定められていた。だが兵隊のなかには小学校しか出ていない人もいたから、中国語が得意でなかったり、うまく喋れない人も少なくない。

台湾語を使うと厳しく叱責する上官もいたが、アロンは、兵隊たちが台湾語を話すのをまったくとがめなかった。それどころか私的な会話は台湾語で交わしたりした。彼らが台湾語で話しているのを聞いているうちに、おもしろいことに気づいた。地域によって実にさまざまな台湾語があるのだ。

たとえば〝卵〟のことを、宜蘭《イーラン》から来た人は「ヌイン」と言う。台南では「ノン」と言うのだが、とアロンは無数の例をあげてみせた。それに澎湖島から来た人はイントネーションもだいぶ違っていた。これもアロンは、私にはその違いが定かには分からないことを知ってか知らずか、いくつも真似をしてみせた。

そうか、台湾語は直接対面して喋るという使われ方しかしてこなかったわけだ、と私はあらためて気づく。公用語になったことがないばかりか、公用語普及のためにいわれのない蔑みさえ受けた台湾語は、家庭のなかや地域で使われて生き残った。メディアからも閉め出された台湾語は、それを使って遠く離れた人々同士がコミュニケーションを取る機会も奪われていた。それをアロンは、兵役の場で、台湾各地から集められた人々とじかに接することであらためて認識したというわけだ。

アロンのなかで、台湾語を勉強したいという気持ちが猛然と湧いてきた。だが少なくとも兵役中は、そのことに時間を割く余裕はなかった。

三　台湾語とコンピューター

祭りの謎々ゲーム

アロンは小学校に入るまでは、まったく台湾語だけの世界で暮らしていた。小学校に入学してみると、先生の話す標準中国語はひと言も分からなかったという。

「それでどうやって言葉をおぼえていったの?」と尋ねても、アロンは「さあ」と首をひねるばかりだ。自然におぼえたとしか言いようがない。言葉が分からない子に特別に教えてくれる機会はなかったような気がする、と言う。アロンの妻は二歳年下で、やはり家では台湾語で話していた。けれど彼女は幼稚園に行ったので、いくらかの標準中国語をおぼえてから小学校に入学した。

アロンの場合は、まるで外国語の世界に投げ込まれたようなものだ。ずいぶん乱暴な話だという気もするが、あのころはそんなものだったかも知れないとも思う。私の小学校のころも、子供はいまほど面倒は見てもらえなかった。入学前に学校から通知が来て、「自分の名前は、ひらがなで読み書きできるようにしておいて下さい」と書いてあると、父母が話していたのをおぼえている。私は引っ込み思案で家に引きこもっていたせいで、姉の本を片っ端から読んでいた。だから読むのは問題なかったが、字を書くとなぜか、ほとんど全部が鏡文字といわれる左右逆の字になった。だが父母にそれを直されたり、正しく教え込まれた記憶はない。大人たちはたぶん皆忙しかったのだ。私はそのまま学校に入った。作文の時間が好きで長い作文を書くのが得意だったが、しばらくは左右逆の文字のままで書いていたのではないだろうか。それでも先生にとくに直されたことはなかったような気がする。

一年生のときのアロンの成績表には、冷たい評価の文字が並んでいる。「理解力欠如」「学習能力劣る」「学習意欲なし」だ。ところが六年生になると、アロンは一番の成績を取って表彰された。つまりぼんやりした子供と見られていたのが、いつの間にか着実に標準中国語を身につけて、授業も理解するようになっていたというわけだ。

けれど同じように台湾語世界で成長して小学校に入った子たちが、皆アロンのように国語を習得できたとはかぎらないのではないだろうか。彼らの教育環境は決して恵まれたものではなかった。そう感じさせられる記述に思わぬところで出会ったことがある。社会全体が貧しかったあのころ、アロンたちの学校生活はなかなか厳しかったようだ。

その記述というのは、台湾出身の世界的な映画監督アン・リー（李安《リーアン》）が書いたものだ。彼は侯孝賢監督と同じ当時三年制の専門学校だった台湾芸術専科学院を出て、その後アメリカに留学した。

以来アメリカ暮らしで、ニューヨークを拠点に映画製作を続け国際的に高く評価されている。彼の著書『十年一覚電影夢』は、自分の半生を振り返りつつ映画製作について語ったものだが、そこに小学校の話が出てくる。一九六四年、彼が十歳のときに台南の小学校を見て非常に驚いたというのだ。

アン・リーは両親そろって教師という典型的な外省人家庭の育ちで、台南に行く前は父親は花蓮師範の校長だった。アン・リーは花蓮師範付属小学校で学んだが、ここは一学年三クラス、一学級が四十人前後という当時としては破格の少人数教育で、生徒はほぼ全員が外省人だったという。

アン・リーが十歳になると父親が台南に転勤になったため、一家は台南に引っ越した。アン・リーは台南師範付属小学校に転校した。だがこの学校は進学率が低いことが分かり、両親はアン・リーを公立の公園国民小学校にふたたび転校させた。この学校は私が台南に滞在するとよく散歩に行く台南公園のすぐ近くにある。花が咲き乱れる校門前を通りすぎるとすぐ公園だ。春には昔日本人が南洋桜と呼んだというピンクの花が見事だ。公園全体は南洋のおおらかに伸びた大木で埋め尽くされている。この公園国民小学校で、アン・リーは初めて「ふつう」の世界に触れたことになる。

それまでの学校とはうって変わったありさまにアン・リーは驚いた。全校生徒が九千人、一学年二十クラス、一クラスは七十人以上だった、とアン・リーは書いている。私はこの記述に驚いて、アロンや彼の友だちに話してみた。すると、そんなのは当たり前だ、一クラス八十人のこともあったと、彼らは口々に言う。

アン・リーはそのときの自分の「カルチャーショック」をつぎのように書いている。いささかの偏見と誤解、それに微妙な優越感と台湾人への蔑視がにじみ出ているところに私は興味をおぼえる。この本は台湾で出版されたのだが、それでも平然とこんな書き方ができることには、もっと強い興味をおぼえる。台湾の人々はこれを読んでどう感じるだろう。外省人の考え方ってこんなものさ、とでも言うだろうか。こんなふうに書いてある。

前の学校（花蓮師範付属小学校）は、完全に外省人の世界で、北京語を喋り、アメリカ式開放的教育で、体罰などなかった。だが転校した公園国小は、完全に本省人の世界で、台湾語を喋り、日本式詰め込み教育で、体罰を与え、進学を重視するところだった。

アン・リーのこの目線が、彼の作品の位置取りにまでつながっているところがさらに興味深い。彼は一九九〇年、台湾の行政院新聞局主催のシナリオコンテストに応募した二作品で一位二位を獲得し、相次いで中央電影公司の手で映画製作されるという幸運な監督デビューを果たしている。何も同じ人にふたつも賞を与えなくても、と思わぬでもないが、ほかに優秀作がなかったのなら仕方がない。実際にこの二本『プッシング・ハンド（推手）』（九一年）『ウェディング・バンケット（喜宴）』（九三年）はかなり出来のよい作品で、『ウェディング・バンケット』はベルリン映画祭の金熊賞を獲得している。二作とも舞台はニューヨークで、主人公はチャイニーズアメリカンだ。一作目の主人公は、中国大陸出身でアメリカ人の妻を持つ男性。二作目の主人公は、生まれ育ちは台湾だが中国人としてのアイデンティティを持っている青年だ。三作目がアン・リー作品で唯一台湾が舞台の『恋人たちの食卓（飲食男女）』（九四年）だが、これも台北に住む外省人家族の洒落た恋物語だ。中国大陸の伝統的な料理やアメリカ式の風俗などがちりばめられている。

アン・リー監督は、台湾を舞台にするのは苦手なのだろうか。それとも世界を相手にしていく作戦上、より理解されやすいようにと、台湾よりも中国を素材に選ぶのだろうか。それにしても青年期まで身近にいたはずの台湾人が、彼の作品にはなかなか登場しない。

とはいえアン・リーは、人情の機微を描かせたらとてもうまい。人情の機微こそは人類共通とでも言わんばかりに、作品世界は国境だけでなく、エスニシティをもジェンダーをも軽々と超える。『ウェディング・バンケット』や『ブロークバック・マウンテン』（二〇〇五年）は、ゲイを描きながら広く訴える力があった。ほかにも扱う素材は非常に幅広い。イギリス王朝時代の母と娘の話（『いつか晴れた日に』（九五年））、アメリカの南北戦争時代の若者の愛と友情（『楽園をください』（九九年））、そしてエンターテインメント性の高い武侠映画（『グリーン・デスティニー』（二〇〇〇年））、さらに日本軍占領下の上海で凄絶な救国の闘いを繰り広げた青年たち（『ラスト、コーション』（二〇〇七年））と、縦横無尽に作品世界をひろげているのはよく知られたところだ。それができたのは、アン・リーが結局のところ台湾に根ざしていないからだともいえる。

彼の著書に見られるような育ち方をしたら、自分を「台湾人」と見なすことには抵抗があるのだろうか。あるいはアメリカで映画製作をするなら中国人と名乗ったほうが通りはいいからだろうか。彼のスタンスは一貫して「台湾人」ではなく、「台湾生まれの中国人」だ。だがそれはそれでいいし、そういうアン・リーを生み出したのもやはり台湾だ。そのアン・リーのことを、アロンは侯孝賢よりは好感が持てるという。自分に近い世界を描く侯孝賢には厳しくならざるを得ないが、その点アン・リーはまったく異質だからだろうか。侯孝賢やアン・リーのことを考えると、外省人の立ち位置も難しいのだろうな、と思わざるを得ない。

アロンは学校に入ってからは着々と国語を身につけていったが、学校以外ではやはり台湾語の世界に浸っていた。それは父母が中国語をあまり喋れないせいもあるだろう。だがそれよりもアロンは、自分を取り巻く台湾語世界の文化が心地よかったのだという。子供のときのこんな思い出を話してくれたことがある。

アロンは毎日、市場をつらぬいている路地を通り抜けて学校にかよっていた。その市場というのは、そうとは知らず、私が台南に滞在するたびに頻繁に行っていたところだ。ホテルのフロント係に近くに市場はないかと尋ねたところ、彼女は地図上の一カ所を赤丸で囲み「光華市場」だと教えてくれたのだ。

さっそく行ってみると、目抜き通りをちょっと入っただけでまるで違う世界がひろがっていた。大きさもさまざまな粗末な台に、それぞれの店主が魚や肉をむきだしで並べて商っている。かと思うと早朝から家でつくったのであろう粽《ちまき》を、手押し式の買い物籠で運んできてそのまま売っている人もいる。食物だけではない。貴金属、派手派手しい下着、家電製品、CDやDVDや玩具まである。のちにもう少し安いホテルを定宿にしてからは、近くなったおかげで毎日のように足を運ぶようになった。旅人の私が買うのは果物ぐらいのものだ。だが私には、誰にも言えない密かな楽しみがある。黙々と行き交うたくさんの女性に目をやりながら、もしも私がずっと台南で暮らしたとしたら、ああなっただろうか、こうなっただろうか、と夢想にふけるのだ。買い込んだ野菜でいっぱいの籠を下げ、さらに大きい花束を買って帰っていく初老の女性がいる。かと思うとスクーターを屋台のわきにまで乗りつけ、粗末な椅子にちょんと腰をかけて朝食をかきこむ出勤途中とおぼしき女性もいる。

その市場が、もともとの名前は「鴨母寮《アボリャオ》市場」だと教えてくれたのはアロンだ。戦後国民党政府は、台湾らしい地名を嫌って、中国風の名前に変えた。そのとき政府がつけた名前が「光華市場」だというが、彼らも芸のないことをしたものだ。政府の広報誌にも確か「光華」というのがある。台北の国立中央図書館台湾分館前の、本や電化製品がたくさんそろったビルも、確か光華市場という名前だ。あそこにも古い名前があったかどうかは知らないが、台南では人々は市場は昔の名前で呼び続けているという。

さてアロンは子供のころ鴨母寮市場を通り抜けて学校へかよっていたわけだが、そこの路地や途中にある廟《びょう》などは格好の遊び場だった。母親はこの市場で日々の食糧を買い、隣接する廟に参拝した。台南は廟がとても多く、廟から廟へとたどりつつ散歩ができるほどだ。アロンの小学校まで行けば、その裏手あたりにもまた廟がある。武廟という名前だ。

子供のとき、その華やぎが好きで毎年楽しみにしていたという。祭りの行事のひとつに燈謎《トンミー》というゲームがあった。明かりをともした提灯にナゾナゾが書かれ、その答えを当てるというものだ。これもアロンは楽しみに待ち望み、毎年正解を出しては賞品をせしめていた。アロンが十歳くらいのころ、こんなナゾナゾが書かれているのを見た。

元宵《ユエンシャオ》（旧暦一月十五日の小正月）の祭りには、武廟の参道にずらりと提灯が飾られる。アロンは

問題：「鳥の名前は？」
ヒント：「嫦娥《じょうが》月に逃げる（嫦娥奔月）」

提灯に書かれた文字を読んで、アロンはすぐに答えが分かった。中国の伝説上の仙女・嫦娥の話だ。仙女が不老長寿の薬を盗んで月に逃げたとき、乗っていった鳥の名前は何か、と問うているのだ。

アロンはそのころ子供向けの百科事典のような本を持っていて、この物語もそのなかで知った。そこにはほかにもおもしろい話がたくさん載っていた。宇宙に星はいくつあるか、地球に陸と海は

どのくらいの割合であるか、エジソンとはどんな人か、などということも書いてあった。アロンはそんな話を人に聞かせるのが得意だった。夜になると友だちが来て話をせがんだ。大人も混じって話を聞くこともあった。ということは、アロンは中国語で読んだ物語を台湾語で語って聞かせていたわけだ。私がそう言うと、アロンには当たり前過ぎることなのだろう、ヘンな顔をして「そりゃそうだが」と言った。

ともかくアロンは「蟾娥月に逃げる」の物語を読んだことがあり、鳥の名前も知っていた。中国語では「チエタン（竊丹・日本語ではセッタン）」だ。けれどもそれを台湾語で何というのか、アロンは知らなかった。この鳥の名前などは日常の会話に出てくるわけではない。だから「竊」という字を台湾語でどう発音するかが分からなかったのだ。けれども廟の祭りとなれば、まったく台湾語だけの世界だ。

そこでアロンは仕方なく当てずっぽうに「クィタン」と答えた。

クイズの司会をしていたおじさんはアロンを見て、扉をトントンと三回叩いた。「あたり！」のシルシだ。小さい子供だから甘く見てくれたのだ。それに、この子は鳥の名前を知っている、と見て取ったのだ。おじさんは賞品を手渡しながら、こっそりと正しい読み方を教えてくれた。「チャッタン」と言うんだよ、と。

このときアロンは子供心に、デタラメの台湾語を言ったことを恥じたという。台湾語をもっと勉強したいと思ったという。

台湾語を学ぶ人々

兵役を終えると、アロンはすぐに就職した。ほんとうはコンピューター関連の仕事に就きたかったのだが、その希望は叶わなかった。

「あのころは、台湾全体でもコンピューターは二十台ぐらいしかなかったんじゃないかな」とアロンはまた具体的な数字をあげるが、私はそういう知識は皆無だ。七〇年代半ばのことだ。経験のない若者にコンピューターの仕事などあるはずもなかったな、とべつに口惜しそうでもなくアロンはつぶやく。

就職したのは電機メーカーだった。当時の台湾では、多くの会社が休日は隔週一日、月間で二日だけだったという。暇はほとんどなかった。だが数年たって会社勤めにも慣れてくると、アロンは台湾語をきちんと勉強しようと思い立った。そして手にしたのは、父や叔父がかつて使った『彙集雅俗通十五音』だった。

『彙集雅俗通十五音』というのは、十九世紀から二十世紀にかけて書かれた閩南《ミンナン》語音韻学の本だ。現存するいちばん古いものは、福建省漳《しょう》州の謝秀嵐が編纂し一八一八年に出版されたもので、ロンドンの大英博物館に所蔵されているという。アロンによればこの辞書の特長は「因音識字」、つまり文字を書けない人でも発音から字を探すことができることだ。声母、韻母、声調を順番に暗記できるよう、調子のよい歌のような文句も取り入れられている。この本はその後も改訂版が数回出されている。台湾で比較的多く出回ったのは、一八六九年にやはり福建省漳州で出された漳州顔華錦刻版と呼ばれるものだという。日本による植民地統治開始よりも四半世紀前のことだ。

植民地統治下の台湾でも『彙集雅俗通十五音』の需要は根強くあったのだろう。一九三五年には台湾で改訂版が出され、『嘉義版彙集雅俗通十五音』と呼ばれた。発行人は嘉義市の許嘉楽、印刷人はやはり嘉義《チャイー》市の源祥オフセット印刷所呉源祥、とある。八分冊になっていて一冊が八十数頁だ。

アロンの叔父の林路尾《リンルーウェイ》は、子供のときに近所の人から『彙集雅俗通十五音』を習った。その後この嘉義版が出版されたと聞いて、台南の漱竹居という書店で買い求めたという。日本の植民地統治が四十年目に入って日本による統治も安定したといわれたころ、そして日中戦争開戦の二年前だ。このあと日中戦争がはじまると、台湾総督府は日本語を強制し、台湾語を禁止する動きを強めていく。

私は九十三歳になった林路尾さんに会ったことがある。台湾での中国映画の人気について聞き書きをしていたときのことだ。植民地時代の台湾では、多くの日本人が漠然と抱いているイメージに反して、中国映画が圧倒的な人気を誇っていた。台湾の人々が日本映画を見るようになったのは、日中戦争開戦にともなって台湾総督府が中国映画を禁止してからのことだ。最も人気があった中国映画のひとつが、上海でつくられた武俠怪奇映画『火焼紅蓮寺』(一九二八年)だ。これは大ヒットしたために十八本ものシリーズがつくられ、熱い人気は台湾にも波及した。当時は映画館も日本人向けと台湾人向けとにはっきり分かれていたのだが、台湾人向けの映画館は超満員に湧いたという。

この人気に目をつけて、林路尾は映写機と『火焼紅蓮寺』のプリントと上映権を購入し、家族が経営するレストランで客寄せのために上映したという。「あれはあまり儲からなかった」と六十年前を振り返って彼は言ったが。

一方で林路尾は日本人が経営する川中鉄工場で、主任技師として堅実に仕事をこなしていた。また彼は、青年時代には台湾文化協会台南支部で活躍した。同協会で台湾の自治獲得運動を推進した蔡培火とは姻戚関係でもあった。そして彼は『彙集雅俗通十五音』などで、台湾語を熱心に学んでいたということになる。

私が会ったときも林路尾は、同席してくれたアロンと台湾語や漢字の話に花を咲かせていた。手近な引き出しから古い本や紙を取り出して、まるで楽しい遊びのようにくるくると字や絵を書いて見せた。

「牛と魚は知らない間に字が入れ替わったんじゃないだろうか。牛の字はほら、魚みたいだし、魚は脚が四本あって牛みたいだろ」

あのとき彼が手にしていたのが、一九三五年に嘉義で出された『彙集雅俗通十五音』八分冊のなかの一冊だった。のちにその八分冊は、そっくりアロンに譲られた。八冊の本は使い古されてはいたがいささかの欠損もなく、大切に保存されていたという。

台湾には日本の植民地時代も戦後も書房と呼ばれる私塾があって、そこでは台湾語で勉強をしていた。侯孝賢監督の『戯夢人生《ぎむじんせい》』（九三年）にもそんなシーンが出てくる。この作品は、伝統的な人形劇・布袋戯《ポテヒ》の国宝級の人形遣い・李天禄の半生を描いたものだ。植民地時代の半ばに生まれた李天禄がかよった田園地帯にある書房では、子供たちが声をそろえて唐詩を台湾語で朗唱していた。日本でもよく知られる「月落ち烏啼いて　霜天に満つ」というあの詩、張継の「楓橋夜泊」だ。

ほかにも書房で学んだ人から、こんな話を聞いたことがある。一九四二年三月に基隆中学で起きた、日本人による台湾人学生に対する暴力事件「Ｆマン事件」を調べていたときのことだ。彼は暴力事件が起きたクラスに在籍していて、事件当時は十八歳だった。父親は基隆で劇場を経営していて古典好きだったせいか、彼は子供時代は公学校ではなく書房に行かされた。基隆中学に入学して日本人と机を並べるようになると、漢文の授業で日本式の漢文の朗読に驚いた。もしあのとき最初に指名されていたら、何も知らずに台湾語で読んだだろう。そしたらたぶん、半殺しの目に遭ったのではないか、と彼は言った。「Ｆマン事件」を何とかやり過ごしたのちに、こんどは彼の父親が屋根裏に武器を隠し持っていたとの容疑で逮捕され、拷問されて亡くなった。実はそれらは芝居の小道具の刀に過ぎなかったのだ。あれは台湾人に人気がある芝居を弾圧するためではなかったか、と身内や友人たちは噂したという。

もしも植民地時代末期の日本語強制・台湾語禁止というのがなかったら、このようにして学ばれていた台湾語は、どのように受け継がれたかと思わずにはいられない。アロンはこうして失われた時をも回復したいのではないか。

アロンが製作した『台湾映象』というCDのなかには、『彙集雅俗通十五音』八分冊を含む古い台湾語辞書の写真、それに勉強法などが収録されている。林路尾が子供のときに習った台湾語の発音や文字をおぼえる文句を、林路尾自身が唱えている音声も収録されている。

日本語でいえば、皆が最初に習う「アイウエオ」や「イロハニホヘト」にあたるのだろう。だが台湾語のそれは、まるで歌のようだ。リズムといいメロディといい、彩り豊かでしかもシンプルで、歌い継がれていくうちに洗練される民謡のような趣さえある。アロンがよく自慢げにこんなことを言う。「台湾語は声を出して読めばそのまま歌なんだ」と。ドミソの音が基調になって、八種類のイントネーションを持つ語が組み合わされるのだ。しかも前後の音の関係で変調したりなどするから、メロディもリズムも美しくなろうというものだ。

アロンは、私の好きな台湾民謡『安童哥《アントンク》』を実演してみせた。元気のよい料理人のアントン兄さんが、これからつくる料理のことをあれこれ考えながら買い物に行くという内容だ。歌詞をアロンは声に出して読み上げる。するとほんとうにその音は、私が聞きおぼえたこの歌のメロディと、すでに酷似しているのだ。熱い羨望がつきあげる。だがそれは私には、どうしても手が届かない。ちょうど台南がいつまでたっても私の生まれ故郷という以上には近い存在になってくれないように。

私が習いおぼえた台湾語を口にすると、アロンはときに一瞬驚いた吹き出しそうな顔をする。やはり台湾人のように発音できないからだ。その気持ちが私には分かる。子供のときから大人が日本語を喋るのを身近で聞いていたアロンだって、私の名前さえ正しくは発音できないのだから。ただ私は吹き出しはしないが。

アロンは父や叔父たちとは違う勉強法も取り入れた。べつの台湾語の辞書『廈門音新字典』の勉強もはじめた。これは台湾語をアルファベット表記したもので、その表記法は「教会ローマ字」、あるいはＰＯＪと呼ばれる。ＰＯＪというのは、「白話字」の台湾語読みローマ字表記 Pe̍h-oē-jī の略称だ。白話というのは一般大衆が使う口語や俗語を指す。この字典は普通の人々が使う言葉を集めていることから、こう呼ばれるのだろう。

これが「教会ローマ字」と呼ばれるのは、十九世紀中葉からキリスト教宣教師が伝道や聖書の翻訳のために考案した表記法で、その後もクリスチャンのあいだでよく使われたからだ。『廈門音新字典』と題されているのは、台湾語の起源である閩南語は、福建省南部の漳州および泉州の言葉だが、廈門《アモイ》やマカオや台湾でも使われているからだ。

教会ローマ字を用いた『廈門音新字典』を編纂したのは、イギリス長老教会所属のウィリアム・キャンベル（漢字名は甘為霖）牧師だ。彼は一八七一年から一九一七年まで四十四年間にわたって台湾に滞在し、宣教活動だけでなく教育や福祉などにも力を注いだという。『廈門音新字典』の初版が出されたのは一九一三年のことで、収録語は約一万五千だったがその後も改訂され版を重ねている。ローマ字表記法も、台湾基督長老教会（長老派教団）によって改良が続けられ、いまではいくつかある台湾語のローマ字表記のなかで歴史が古く使用者も多い。日本でも近年出される台湾語の辞書や学習書の多くこの表記法を採用しているようだ。

とはいっても『廈門音新字典』を買ったころのアロンは、台湾語をローマ字表記すること自体に違和感があったという。それでも興味を惹かれたのは、母の友人だった年輩の女性のせいだ。彼女はクリスチャンで台南の南門教会にかよっていた。子供のころ貧しくて学校に行けなかったため、漢字の読み書きができなかった。けれど彼女は教会ローマ字で書かれた台湾語の聖書を日頃から熱心に読んでいたという。

それはともあれ、アロンが自分の母語である台湾語を勉強しようとして、つぎつぎに入手した辞書の話を聞いていると、ある感慨をおぼえずにはいられない。それらは台湾語のひろがりを物語っているし、人々が脈々と台湾語を受け継いで来た歴史をも示している。そしてそれは反面、台湾で台湾語が抑圧されてきた苦難の歴史をも語っているからだ。


日本の植民地時代の一九三一年には、台湾総督府が上下二冊からなる大部の『台日大辞典』（小山尚義主編）を出している。台湾を統治するために台湾語を理解することは欠かせなかったから、総督府は一八九八年には『日台小辞典』を、一九〇七年には『日台大辞典』を出した。その積み重ねのうえに編まれたのがこの『台日大辞典』だ。発音はカタカナで、声調は横に記号で記されている。

アロンは『台日大辞典』ももちろん参考文献として利用している。このなかには古めかしい言葉が多く収録されているという。アロンが会話のなかで使うと、母親には通じるが、息子には通じない言葉もだいぶあるそうだ。

戦後の台湾では、標準中国語の普及が推し進められたから、台湾語に関する書籍はなかなか出しにくかった。それでも辛抱強く台湾語の研究を進め独力でデータを集めて、字典や辞書や学習書がさまざまな人によって出されている。

たとえば一九五四年に、戦後初めての台湾語の辞書『彙音宝鑑』を出した沈富進の話には深い感慨をおぼえる。彼は植民地時代に小学校教育を受けたが、家が貧しかったため四年生で学校へ行くのをやめた。畑仕事や牛の世話などで働きながら独学して『彙音宝鑑』を書き進め、四十歳のときに書き上げた。だがそのころは国民党政府によって台湾語を禁じる政策がとられていたために、印刷するのは容易なことではなかった。借金をし、病に倒れながら、脱稿後二年かけて発行にいたったという。以後この本は毎年二千冊を越える売れ行きが長年にわたって続いているというから驚く。

台湾語の辞書づくりに携わった人々には、胸を打つ逸話がいくつも残されている。保険会社勤務のかたわら二〇〇三年に、やはり独力で台湾語辞典『台音正字彙編』をつくりあげた王康旼もそのひとりだ。彼はアロンのプログラムに対して、貴重な意見を聞かせてくれた人でもあるという。ほかにも大学教授で化学や農学といった専門分野を持ちつつ、台湾語の研究に打ち込んだ人もいる。日本で数冊の台湾語教材を出した王育徳も重要なひとりだ。アロンはこういう人たちが胸に秘めていた静かな情熱を受け継いでいるのではないだろうか。

アロンは台湾語の研究を進める一方で、チャンスをつかまえてはコンピューターへの接近もはかったようだ。

兵役を終えてアロンが最初に就職したのはアメリカ企業の支社でカパシタ、つまりコンデンサーのメーカーだった。軍隊で大勢の人をまとめていた経歴を買われて、アロンは三百人の従業員を束ねる監督の仕事に就いた。小学校を卒業して間もない少女たちが、台東《タイトン》や屏東《ピントン》などの僻地から集められる。十五歳そこそこの幼顔の女の子が、一日に十時間も座ったまま電機部品の組み立てをするという過酷な労働現場だった。

アロンはそこを半年で辞めてしまった。男の兵隊たちをまとめることはできたが、年端もいかぬ少女たちは難しい問題も多く、対処しきれなかったという。しかもそのころアメリカの有名企業の台湾工場で、多数のガン患者が発見されるという事件が起きた。だが結局はアメリカの圧力で原因究明はうやむやにされた。安い労働力を武器に下請けの仕事を得ていた当時の台湾の工場では、従業員を保護するための環境対策はお粗末だった。我慢が限界にきて辞めたとアロンは言う。

そんなふうにして兵役後の十年間で、アロンは四つの職場を転々とした。だが台湾ではこれはべつに珍しいことではなさそうだ。台湾人は日本人より一般的にいって勤務先への依存心は薄いし、自分で起業する人も多いからだ。アロンの希望に反して、どの職場もコンピューターとは直接関連がなかった。アメリカ系のカパシタメーカーのつぎは、自動車部品製造会社の品質管理および開発責任者の職に就いた。つぎは化学繊維メーカーの品質管理エンジニア、そしてそのあとは原子力発電所の機械エンジニアとして働いた。

それらの職場で比較的コンピューターと関わりを持てたのは、一九七六年に就職した化学繊維メーカーだった。そこでは製造工程をコントロールするために、最新型のコンピューターを導入していた。けれどもアロンがいた品質管理課では大量の統計分析や実験データの管理を従来通りに人手でやっていて、しょっちゅうミスが出た。小型のコンピューターが一台あれば作業効率は少なくとも十倍は向上するのだが、とそのころアロンはよく考えたという。

仕方なく毎日数字の山と格闘し、月末には苦労してそれをグラフにまとめた。だが一方でアロンは、チャンスを見つけてはコンピューターのオペレーターに接触をはかった。帰宅するとコンピューターの教科書を読み直し、出社するとオペレーターと知識を交換して新しい情報を得ようとした。七八年、台湾電力が第三原子力発電所建設のために人員を募集しているのを新聞で知って、アロンは応募した。原発については、それほど深い知識も認識もなかった。だがアロンはそれまでの仕事にうんざりしていた。休日は少ないし給料は安い。もっとおもしろい仕事がしたかったし、金を貯めて結婚もしたかった。アロンは二十八歳になっていた。採用試験は筆記と口述があったが、幸いパスしてメカニカル・エンジニアとして採用された。月給は一挙に三倍以上の三万元になったという。

第三原発の建設現場は台湾の南端の恒春《ホンチュン》だった。当時は交通の便がいまより悪かったから、宿舎に住んで、台南の家に帰るのは週末だけという生活だ。建設現場周辺には図書館も映画館もレストランもなく、まるで兵役のころに戻ったような感じだった。

一緒に働いた台湾電力の社員たちの多くは、第一原発、第二原発の建設を経験していた。アロンのような新参者はむしろ少数だった。だが一年後には親しい友人もでき、彼らとのつきあいは会社を辞めて二十年近くになるいまも続いている。旧正月のころになると誰からか電話が来て、数人集まっては食事をして談笑するという。

第三原発では、最初の三年間は書類のチェックに忙殺された。建築工事に加わったアメリカの大手建設会社ベクテルから、百人ほどの技術者が派遣されて来ていた。けれどいま思うと、あの技術者たちは寄せ集めだったのではないか、とアロンは言う。あのころ韓国その他で原発の建設が相次いでいて、多くの工事に携わったベクテル社では人員が不足していた。だから同社ではヨーロッパ諸国からも技術者を募集していて、実際ベクテルの仕事は初めてだと語った技術者も少なくなかったそうだ。

アロンが台湾電力に就職した翌年、アメリカのスリーマイル島で原発事故が起きた。第三原発とほぼ同型の原子炉だったから、台湾電力でも当然不安が湧き起こった。建設現場では原因究明を求める要望書も出された。だが結局、事故原因は設計上の問題ではなく人為的ミスだということで片づけられた。ミスがあった場合に大事故につながらない措置が取られているかを確認したかったが、うやむやにされてしまった。

そのころ清華大学の原子科学科の研究者たちが現場を訪れ、現場の職員とディスカッションする機会があったという。清華大学には当時台湾で唯一の原子科学科があったのだ。しかし研究者たちは原発擁護の立場を固持していたから、ディスカッションなど事実上不可能だった。彼らの主張は終始一貫して、原子力は理想的なエネルギーだ、きちんと扱えば危険はない、というものだった。原発に関しては未経験の問題が山積みなのに、それに正面から立ち向かおうという姿勢は乏しかったと言わざるを得ない。そうアロンは当時を振り返る。


最初は原発というものにほとんど定見はなかったというアロンだが、建設工事が進んでいくうちに不信がつのっていったという。表向きは、業務は厳密に管理されているはずだった。たとえば建設の際には膨大な数のパイプが使われる。パイプの安全テストや品質管理は書類上はきちんとしていた。工事の過程でも安全確認は繰り返され、作業責任者のサインも残された。だがそんなに厳密にやっているのになぜ、と思うくらい、小さい事故は無数に起きた。

ある日クレーンが倒れて作業員が死亡した。アロンはそれを建物のなかから窓越しに見ていたという。こんな強風の日に高所作業は危険だと思った瞬間、目の前で事故は起きた。いったい誰が作業の実施を許可したのか、経済効率ばかり優先されて人命軽視もいいとこだ。そう考えると怒りが湧いてきた。しかもほとんどの場合、決定権は台湾電力にではなくベクテルにあった。一九八三年、違う道に進むために退職しようと心を決めかけているときにも奇妙なことがあった。アメリカ人の技術者にタービン・ビルディングに一緒に行ってくれと頼まれた。通訳が必要になるかも知れないからと、軽い気持ちでアロンに声をかけたらしかった。そこは管轄外だったから足を踏み入れたのはそれが最初で最後だった。そこにはGE社から輸入された設置前のタービンが置かれていた。その技術者がそれらのマシンを見て、これはヘンだ、と険しい表情をしたのをおぼえている。だが、アロンは彼の意見を判断するだけの知識や経験を持ち合わせていなかった。ただ、もしも重要な問題があったとしても、正当な解決方法が取られるとの確信もまた持てなかった。

アロンのこういう話は、私にも頷けるものがあった。私は七〇年代にビルメンテナスの業界誌の編集をしていたことがある。映画の独立プロでプロデューサーとの関係がうまくいかず仕事を干され、せっぱ詰まってありついた職だった。だがビルメンテナンスという職種にはとても興味を惹かれた。自分が毎日出入りしている都会のビルでは、壁や床や天井を隔てた向こうに、ビルを運営していくための仕事をしている人たちが無数にいる。そのことに初めて気づいたのだ。戦後ビル建設が増えたころに、まずは清掃のプロとしてスタートしたこの業界は、当時はビルの機械設備の運転管理も行うようになっていた。多くは零細企業だったが、その経営者たちに取材に行くと、そのころ密かに語られていた新種の仕事があった。原発のメンテナンスだ。大手電力会社の労働組合が危険だからと拒否したメンテナンスの仕事が、下請けにまわされ、それがさらに孫請けのビルメンテナンス業界にもまわされていた。知識もなく訓練も受けずに、荒唐無稽な状況で危険作業に従事する作業員たちの話を、「オフレコだよ」という言葉とともにどれほど聞かされたことか。

アロンは結局退職の決心をした。最後の一年はその準備のつもりで、自分が関わった業務に関する書類を集めた。自分が決定的なミスは犯していないこと、きちんと業務を遂行したことの証拠とするためだ。アロンは周到な性格だ。

退職から二年後、第三原発で大事故が起きた。タービンが壊れて火災が発生した。結局第三原発は建設に取りかかってから五年で完成したことになる。しかしその後建設をはじめた第四原発はいまだに完成を見ていない。第一原発は廃止計画が決まったが、どうやって廃止するかが分からない状態だ。

私はアロンの経験談を聞きつつ、台湾の原発関係の情報にあたってみた。危険だと警告するものがたくさんある。だが日本でも、いや世界のあちこちで、原発をめぐる不安や疑念は蔓延している。危険な事故もあるし、事故隠しが暴露されることもしょっちゅうだ。けれども私たちは、原発に依存した経済サイクル、エネルギーサイクルにどっぷり漬かったままなすすべを知らない。日本も台湾もともに地震国だ。地震による大被害は双方で懸念されている。それなのに原発をストップできない事情も、悲しいことに双方よく似ている。

原発建設現場で働いているあいだも、アロンには依然として直接コンピューターに触れるチャンスはなかった。しかしコンピューターには強い関心を持ち続けた。というのも、ベクテル社から送られてくる設計図やマニュアルを見ると、アメリカでは原発の設計にも業務管理にもコンピューターが盛んに使われているのが明らかだったからだ。それなのに台湾では、人間の頭でそれに対抗しなければならなかった。

建設現場に資材や部品が送られて来るときには、事前にコンピューターで作成した目録が届く。到着した物品を確認するさいに、台湾側では数日間の時間をかけて人手を使ってひとつずつ目録と照合した。目録や物品が変更されれば、その都度同じことを繰り返す。非効率もはなはだしかった。

原発は構造が複雑だし管理も厳重だ。非常に多くの分野が緊密な関連を取りながら行う業務の連続だ。こうした細かい分野を統合して進める大規模な工事、膨大な予算を投じた大プロジェクトでは、コンピューターを利用しなければ建設作業を進めるのは無理だとさえ思えた。しかも、リーダーシップを取っていたベクテル社では、すでにコンピューターを使いこなして効率よく仕事を進めていた。台湾側でももしコンピューターを導入していれば、多岐にわたる膨大な情報を共有することも容易だったはずだ。労力も削減できたし効率も格段に上がったに違いない。

だが残念なことに第三原発では、八三年に試運転の段階に入っても工程管理のコンピューター化さえほど遠い状況だった。エンジニアたちにはコンピューターに対する理解はかなりの程度あったのに、会社側がコンピューターを活用する絶好のチャンスを逃してしまったということだろうか。あれからのち、台湾のコンピューター産業は大幅な進歩を遂げた。知識や技術も飛躍的に向上した。もしつぎに大規模工事のチャンスがあれば、コンピューターが駆使されてまったく違ったやり方になるのだろう。そうアロンは思うことにした。

第三原発に就職する少し前に、アロンは現在の妻と知り合った。そして半年後に結婚した。三年後には息子が生まれた。給料はとてもよかった。なにしろ大学教授の一・五から二倍だった、とアロンは言う。家も買った。アロンはさぞ張り切って、一生のうちでも数少ない楽しい時間を過ごしていたことだろうと、私は想像していた。ところがアロンは、そうでもなかった、と言う。どうやらアロンの夢は彼に、台湾のトップ企業といえどもそこに安住することを許してはくれなかった。

原発で働いていた八三年初めごろ、アロンのコンピューター歴のうえでは、画期的な出来事があった。APPLEⅡとそのコンパチブル、ORANGEⅡが大量に台湾に入って来た。これを買ってコンピューターゲームを楽しむ人が増えたのだ。価格はマシンが一万元ぐらい。教師や技術者の一カ月の給料とほぼ同じだ。外付けのフロッピードライバーがあって、それもマシンと同じくらいの値段だった。だからこれらは、誰もがそう簡単に買えるものではなかった。

アロンはさっそく一台買った。これがアロンが自分で所有した初めてのコンピューターということになる。そのAPPLEⅡを、アロンはいまでも大事に保存している。その後もう一台買ったが、二台ともいまでもすぐに使える状態だという。

アロンはAPPLEⅡをわざわざ棚の奥の方から取り出して、私に見せてくれた。ポータブルの英文タイプライターよりやや大きいだろうか。カバーをはずして中身も見せてくれた。黒い直方体が五十個ぐらい、縦横等間隔に列をつくって整然と並んでいる。直方体の大きさは、キャラメルくらいのものからチョコレートバーくらいまで三種類ほどある。中身が想像したよりずっと単純な形をしているのが意外だった。しかしこれらのキャラメルのような大きさのものが、さまざまな複雑な働きをしているわけだ。

APPLE Ⅱ（台湾製）

私と一緒にAPPLEⅡをのぞいていたアロンの息子は、兵役を終えて家に戻ってきたところだったが、子供のように嬉しそうな声をあげた。彼は四、五歳のころからこれでコンピューターゲームをしていたのだ。

アロンは台湾電力の月給で買ったAPPLEⅡを、原発の工事現場の宿舎に持ち込んだ。そして毎晩あれこれいじくり回した。同僚たちと、コンピューターゲームのプロテクト・プログラムを読み解こうと研究したこともある。

「それにしても、このＡＰＰＬＥⅡを手に入れたことで、コンピューターに病みつきになったことになるな」と、アロンは小さいマシンを見ながら笑った。

病みつきになった背景には、第三原発の建設工事で日々コンピューターの威力を思い知らされていたことがあったのだろう。だが一方で、ＡＰＰＬＥⅡがコンピューターユーザーにとって画期的なマシンだったことは、多くの人が指摘している。これだけ小型化されたことだけでも、便利さは計り知れなかった。

アロンが台湾大学でコンピューター講座を受講したのは、この十二年前だ。その当時はコンピューターに触《さわ》れるのはオペレーターだけだった。ユーザーは触れるのはおろか、じかに見る機会さえ稀であった。コンピューターを使う場合には、まずコーディングシートにコードを書いて、それをキーパンチャーに渡してカードにパンチしてもらう。それをオペレーターに渡して、コンピューターにそのカードを読みとらせる。そこで初めてコンピューターが働くというふうだった。

それがＡＰＰＬＥⅡの場合は、ユーザーが直接コンピューターに触れることができる。オーナーがユーザーであり、オペレーターでもある。コンピューターに直接タイプして、それをモニターで見ることもできる。自分がやっていることを自分の目で確かめられるのだ。ユーザーとマシンのあいだのインターフェースにあった制限が、ほとんどなくなったということだ。

しかし高性能のマシンが身近にある現在から振り返ると信じられないくらいだが、ＡＰＰＬＥⅡ

のメモリーはたった六十四キロバイトだった。いま私たちは、千ギガバイトのメモリーを使うのが当たり前になっている。ちなみに一ギガバイトは千メガバイト、一メガバイトは千キロバイトだ。だからメモリーだけでも数千万倍ということになる。

操作上の利便性もいまには遠くおよばない。プログラムを打ち込むときは保存のために録音テープを入れていた。モニターはデジタル・アナログ転換機とテレビを使った。市販されていたテレビゲームのプログラムも、録音テープを使ったものだった。だから再生すると電磁波信号の雑音がザーザーと聞こえた。こんな素朴なマシンだったが、アロンは一年半ばかり夢中になったという。

ＡＰＰＬＥⅡをあれこれいじってアロンが感じたのは、十年前とくらべて大変な変化だということだ。だとすればさらに十年後には、コンピューターは飛躍的な進歩を遂げているに違いない。そこでアロンはコンピューターに付属しているソフトの研究をはじめた。

大学では、フォートランやコボルのプログラミング言語を習った。だがＡＰＰＬＥⅡではコボルよりも使いやすいベーシック・ランゲージを使うようになっていた。しかもベーシック・インタプリターがついていたから、プログラミングは比較的容易だった。そこでアロンは、友だちのためにプログラムを書いてみた。衛星信号受信機印刷電気回路の広さを計算したのだそうだ。これがどういうものかというアロンの説明は、私にはほとんど理解できなかった。アロンが古いノートを引っ張り出して見せてくれた計算の数式も、見たこともない難しいものだった。非常に複雑な計算のため、小型の計算機ではしょっちゅうミスが出るのだそうだ。そこでアロンは、ベーシック・ランゲージを使ってプログラムを書いた。比較的短時間で完成したが、その結果、計算はミスもなく簡単にできるようになった。これがアロンが自分で開発したプログラム第一号ということになる。

つぎにはワードプロセッサーをつくってみた。いま私たちは、ワープロ機能を日々当然のように使っている。しかし、文章作成のために入力、表示、編集、記憶、印字などの機能をそなえた装置が当時は身近にあるわけではなかった。最初にAPPLEⅡを使ったときには、ワードプロセッサーの機能はなかった。その次世代のマシンにもなかった。だから最初に感じたのは、英語や中国語で文章をすらすらとタイプしたいということだった。そのころアロンは、原稿を書く必要があるときは家の近くの国立成功大学へ行ってコンピューターを借り、書き上げるとモニターで確認してそれを保存していた。原稿を書くたびにそうするのは面倒なので、何とかならないだろうかと考えた。それで自分のためにワープロをコーディングしてみた。簡単なものではあったが、それを使えばAPPLEⅡでタイプしてそれを保存できるようになった。

それから十年ほどのち、アロンは、ワープロとデータベースをつなげたシステムをつくり、ABCデータマネージメントシステムと名づけた。それを基礎にして、つぎにはマルチメディア・プレーヤー・アンド・マネージメント・システムをつくった。これらの作業はのちに、台湾語の辞書をつくる作業に生かされていく。必要なソフトを集め、なければ自分でつくる。段階を追ってそろえられたソフトがほとんどすべていま役立っているという。

ＡＰＰＬＥⅡを使うという経験は、アロンのコンピューター履歴の重要なマイルストーンになった。目の前に一台のコンピューターがあるということが思わぬ効果をもたらしたのだ。まず、プログラムを入力するさいに自信が持てる。だから着実に仕事を進めていける。この感覚はそれ以前の、オペレーターを介してコンピューターを使うのとは大変な違いだった。アロンは十年余り前に学んだコンピューター講座の内容を思い出し、その知識を磨きはじめた。

まずＡＰＰＬＥⅡに付属していた三冊のマニュアル、そして“APPLE II User's Guide”（ロン・プール・マーティン、スティーブン・クック共著）を熟読した。それまでの知識を整理して、そのうえで新しい知識を習得していった。同時に成功大学図書館にあったコンピューター関係の書物を読みあさった。初めは知識の不足を補うくらいのつもりだった。だがいつのまにか熱中している自分に気づいた。プログラミング言語のベーシックを自由に使えるようになり、つぎにアセンブリ言語の基礎を理解したところで、アロンは目標を定めた。台湾電力を辞職して、コンピューターの道を歩もうと。

もう後戻りはできない、と考えると喜びと緊張で胸が震えた。三十四歳のアロンにとって、コンピューターはキラキラと輝く一粒の宝石のようだったという。その宝石は昇ってゆく太陽の光を受けて、美しくきらめきながら手招きしているかのようだった。アロンは夢想家なのだろうか、それとも気取り屋なのだろうか。ときどきこんなふうなロマンチックな言い回しを平然と口にする。

四　プログラマーに転身

自動翻訳機の夢

第三原発の建設工事が完了して原発が稼働すると間もなく、アロンは台湾電力のメカニカル・エンジニアの職を辞めた。給料もよく地位も高い仕事だった。羨む人も大勢いた。だがその職場を辞めたことにまったく悔いはない、とアロンはいまでも断言する。原発でやっていたような仕事は、誰にでもできる。それよりも自分にしかできない仕事をしたい。その気持ちを抑えることはもうできなかった。

自分にしかできない仕事、というのは、台湾語のプログラムをデザインすることだった。自分は台湾語をよく知っているし、プログラミングのテクニックもある。そして何より、台湾語が好きだ。

英語や中国語のように多数の人に使われている言葉なら、ＩＢＭやマイクロソフトなどの企業も、あるいは研究機関も、プログラムの開発研究に多額の資金を投じる。できあがったプログラムは多くの人に利用されて、その結果さまざまな情報や業績も蓄積されていく。だが台湾語の場合はそうはいかない。使う人も少なく、公用語でもない。しかしこの言葉を使い続けている人は現にいるし、大事に思っている人もいる。亡くしてはならない言葉なのだ。それなのに台湾語のプログラムに関していえば、政府から助成金をもらって研究を進めている大学の研究者たちも、実績ははかばかしいとはいえない。

アロンは、この仕事の困難さは並大抵ではないだろうと見込んでいた。いったん取りかかったら相当な忍耐が必要になるだろう。コンピューターが期待通りに動いてくれないのはしょっちゅうのことだ。それにプログラミングは、永久にデバッグを続けなければならない。だがアロンには自信があった。自分は複雑なことができるし、忍耐力もある。何千回の失敗にもめげはしない。たぶんそれこそが最も大事なことなのだ。大きいチャレンジに胸が躍った。

「あのとき、ぼくはほかのすべてを放棄したことになる」とアロンは笑みを浮かべて穏やかに言う。

たぶん、いままでの成果にある程度満足しているからこそ言える言葉だろう。安定したサラリーマン生活を断ち切って、本格的に台湾語のプログラムに取り組んでから、いまではすでに十五年が過ぎようとしている。

「あのときぼくは、定職を捨てた。あの職によってもたらされる優遇をすべて諦めた。あのときは、妻に反対されたら離婚してでも台湾語のプログラムをつくる仕事へ進むつもりだった」

ほんとうだろうか。アロンがときどき格好をつけるのを知っている私は、そっと彼の妻の表情をうかがう。ついさっき私がアロンの台湾語辞書のCDの使い方をあれこれ試していると、彼女が珍しくコンピューターのそばまでやって来て、こんなことを尋ねた。

「日本では、皆あなたみたいにパソコンを使うの？　あなたぐらいの年齢でも？」

「ええ。仕事を持っている場合は、もうパソコンなしではすまされないわね。原稿もメールで送るし、最近じゃ校正だってメールですませてしまう。大学でもシラバス（講義概要）などはインターネットで入稿せよ、と言ってきてるし。私みたいなパートタイムの教師のなかには、カンカンに怒っている人もいる。コンピューターを買えるような給料はもらっていない。それなのにコンピューターを使うのが当然という仕組みをつくりあげてしまうんだから、とね」

彼女はふうん、という顔をするだけだ。けれどアロンに言わせれば、彼女はアロンがいくら教えようとしてもメールさえおぼえようとはしなかった。コンピューターには一切触れようともしないのだそうだ。かわりに彼女はやかましい音を立ててタイプライターを打ち、塾の教材をつくる。そのタイプライターは、アロンがフリーマーケットで見つけてきた。故障していたためただ同然だったのを、アロンが三日がかりで直したのだそうだ。

「台湾電力を辞めてからというもの、ぼくはほとんどすべての時間を、台湾語のプログラミングに費やしている。妻は手助けはしてくれないが不満は一切言わない。ありがたいと思っているよ」

とアロンは言う。

そう言われてみれば、アロンの妻も、アロンに劣らず変わり者の部類かも知れない。彼女は家のまわりの狭い世界で充足しているかに見える。自分の生活の仕方を頑固に守り、月に二回は何があろうとも早朝に廟にお参りに行くのを欠かさない。そしてアロンがどんなに嫌がっても、月に一度家の前に祭壇をしつらえて線香を焚き、紙銭を焼いて盛大に煙を出す。家族の平安を祈り、祖先を敬う儀式なのだ。アロンがこれを嫌う理由は、いまの線香は昔のものと違って有毒な化学物質を含んだ煙を発するからだそうだ。だが妻は、だって昔の線香が手に入らないのだから仕方ないでしょ、とすました顔だ。

アロンは原発の仕事を辞めて台南に戻った。するとやはり情報に触れる機会は増える。幸い家の近くに成功大学図書館があるので、よく利用した。コンピューター関連の雑誌 "Dr. Dobb's Journal" "PC Magazine, PC Week" "BYTE, IEEE" などには、必要な情報がいっぱい詰まっていたので毎号欠かさず目を通した。"Personal Computing" など比較的安い雑誌は、自分で定期購読することにした。

そんなことをしているうちに中学時代の夢が蘇ってきた。英語の勉強が嫌いだったので、翻訳機械があったらなあとよく思ったものだ。その後も英語にはだいぶ苦労させられた。台北工専では英語の教科書を使ってコンピューターを学んだ。台湾電力で働いた六年間は、しょっちゅう英文の書類に目を通さなければならなかった。

あの苦労が軽減できるならと、アロンは翻訳機に関連する論文を集めてみた。それらを検討していくうちに人工知能の領域にも踏み込んだ。自動翻訳システムの構想をもっと深めたくて、言語学を学ぶために成功大学の外国語科にあらためて入学した。そうするうちに次第に確信が生まれてきた。自分がつくろうとしているアプリケーションは、台湾人に役立つだけではない。いろんな言葉の仲介役になるはずだ。

もともとアロンは一色に染められた世界など嫌いだった。言葉もそうだ。いろんな人がいろんな言葉を喋るのが自然だし、それは必要なことだ。違う言葉の間を仲介するソフトができたら、言葉を統一しようなどという試みは無意味になるだろう。アロンには台湾で台湾語が次第に隅に追いやられているという実感があり、言葉が中国語に統一されようとしていることへの危機感があった。そのせいで台湾語しか話せないアロンの父母の世代が、どれほどの寂しさと苦痛を味わっていることか。

翻訳機について手探りで学んだことを、アロンは論文にまとめはじめた。八五年に「自然言語研究及び自動翻訳システム」を書き上げ、ＩＴ関係の雑誌「自動化科技」に発表した。私たちがふだん使っている言語を、コンピューターでどのように処理していくかについて論じたものだ。

アメリカで一九七〇年代に、反体制派やヒッピータイプの若者たちが、パーソナルコンピューターの進歩に大きく貢献したことはあまりにも有名だ。彼らは仲間うちで集まり、当時の大型コンピューターをあれこれいじって楽しみながら、さまざまなソフトや機器を生み出した。よく知られている例は、アップルのスティーブ・ウォズニアックとスティーブ・ジョブズだろう。彼らはAPPLEⅠ、APPLEⅡ、フロッピーディスクドライブなどをつくりだした。その後もひとつまたひとつと便利な周辺機器がつくりだされ、それらがパーソナルコンピューターの利便性を高めてくれたせいで、私たちにもパソコンが扱えるようになった。いま私たちは、それらを身近なツールとして日常的に使っている。だがはじまりはといえば、金儲けなど眼中にない遊びのような感覚で、自分の興味だけに集中して突き進んだからこそ、多くの貴重なものが生み出されたのではないか。

アロンがひとりでコツコツとコンピューターに取り組み、台湾語のプログラムをつくっていく過程を見ていると、彼らと似た雰囲気をふと感じるときがある。つまり七〇年代のアメリカから連なる、コンピューターの持つ反体制的な感性とでもいえばよいだろうか。現在私たちの日常の不可欠なツールとなっているパソコンが最初に考えだされたのは、大学の研究室でもなければ大手のコンピューター企業の商品開発室でもなかった。反体制派の若者たちが楽しみでやっていた活動のなかだった。アロンのプログラムにしても、果たして大学の研究室や大手企業の商品開発部などの手に負えるものだろうか。あのように採算を無視し、心に宿る静かな情熱に駆られて進める作業というのは、たぶんアロンのような人にしかできないものだ。

台湾では蔣介石から蔣経国へと国民党独裁政権が続き、何しろ三十八年もの長期にわたって戒厳令が敷かれていたせいで、反体制派の活動の土壌は薄い。けれどもアロンのように体制とは無関係のところで、自分の夢を実現するべくコンピューターに向かっていた人がいたことになる。

アロンが発表した論文「自然言語研究及び自動翻訳システム」には、思いのほか多くの反響があったという。コンピューター会社からの問い合わせ、学生からの質問や感想などだ。アロンは反響に驚き喜んだが、同時にこれは自分の研究を見直す契機となった。実用的な翻訳機を完成させるのは簡単なことではない。そのために必要な人材も費用も個人で負担できるようなものではない。そこで研究目標を変更した。専門家がもっと容易にアプリケーションを扱えるシステム・シェル、それに実用的な資料管理だ。それらを用いてコンピューターを使った教育補助システムをつくろうと考えたのだ。

このころすでにATが普及していたから、こういうシステムを必要とする人はいるはずだと考えた、とアロンは言う。

「ATって何?」

私はコンピューターのユーザーではあるが、多くのユーザーがそうであるように、その原理も仕組みもほとんど分からない。

アロンの説明はいつものことながら思わぬ長いものになった。ATはIBMのパソコンのひとつだ。オリジナルのIBMPCの次世代としてXTが発売されたのが八三年。私が初めてアロンに会った九〇年に彼が使っていたのはXTだそうだ。その次世代がATで、これはCPUのタイプで呼ばれるようになった。Intel 80286、80386、80486、80586という具合に出されたが、ユーザーは最後の数字だけで、286、386というふうに呼んだ。アロンは九一年にアメリカに留学したのだが、帰国のさいに残った資金で486を三台買って持ち帰ったという。このシリーズは586まで出たが、その後はCPUの名前が変更された。

コンピューターに限ったことではないが、ユーザーはいつもメーカーの都合に翻弄される。アロンが金をはたいて買った三台の486も、間もなく新機種にとって代わられた。

それはともあれ、アロンが勤め人を辞めてコンピューターに取り組むようになったころ、ATはある程度普及していたし、ベーシックも格段に進歩して使い勝手がよくなっていた。そこで文書処理（Word processing）と資料保存（Database）の概念を統合して、文字資料を編集管理するツールをつくり、自分の資料の整理に役立てた。専門家用のシステム・シェルの発想はここから生まれた。自分用のツールの改良を重ねていった結果が、「TITES多媒体教学系統（Multimedia tutoring system、マルチメディア教学システム）」の一部となった。つまり簡単にいえば、たとえば語学などの学習に、コンピューターを利用して映像、音声、文字などを複合的に使って効果を上げるシステムをつくったわけだ。ここでアロンは台湾語学習者を手助けするという夢の実現に、具体的に手をかけたことになる。

これを完成させるのに大いに役立ったのが、エキスパートシステムだという。エキスパートシステムというのは、特定分野の専門知識データベースを基礎にして推論し、その分野の専門家に近い判断を下すことのできる人工知能（AI）システムだ。IEEE（電気電子学会）という世界百五十カ国に三十八万人の会員を擁する学会がある。最先端技術が論じられ、またITが順調に発展を続けられるよう調整する役割も果たしている。その分会の刊行物“IEEE Expert”では、当時人工知能やエキスパートシステムについて盛んに論じられていた。アロンは台湾の行政院管轄下の科学技術の振興をはかるための組織・国家科学委員会の研究グループに加わり、研究を進めた。

そうこうするうちにテキサス・インスツルメンツ社が、パーソナル・コンサルタント・プラスというソフトウェアを発売した。エキスパート・システムをつくるには、とても役立つソフトだ。アロンはこれを仔細に試し、試験的に二種類のパイロット・システムをつくった。結果は大満足だった。それでいよいよ教学システムに取りかかった。システムをデザインし実験をする、という繰り返しで三年を費やした。そのようにして「TITES多媒体教学系統（マルチメディア教学システム）」がある程度までできあがった。

しかしながらエキスパートシステムには大量のメモリーが必要だった。当時のマシンだとハードウェアの容量が圧倒的に不足していた。ひとつのルールを改善するのにさえ二十分以上かかる。「マルチメディア教学システム」では、文字通り映像、音楽、文字、動画などのメディアを複合的に使い、学習に役立てている。だからメモリーも大量に必要なのだが、これは語学学習だけでなく、音楽や絵画を学ぶのにも役立つ。アロンは作業に熱中した。当時のマシンの限界のせいもあって、毎日長時間モニターを見つめ続ける羽目になった。そのせいで左目の視力がだいぶ落ちてしまった。

けれども数年にわたる我慢強い作業の結果、文字も映像もうまくおさまった。マルチメディア教学システムは一応の成功をおさめた。そこでアロンは、この作業はいったん打ち切ることにした。

そして以前から思い描いていたアメリカ留学の夢を実現することにした。

四十歳の留学生

ＰＯＪの辞書を買って台湾語の研究をはじめた八五年頃から、実はアロンはアメリカに留学しようと考えるようになったという。

「なぜ？　台湾語の研究なら台湾を離れたら不便じゃないの？」と訊くと、アロンの答えはまた独特の複雑さを見せた。あれは彼の性格なのだろうか、それとも厳しい思想統制の時代を生きてきたため、簡単には本心を語らない習性が身についてしまったのだろうか。アロンは、台湾人はどこででも生きていかなければならない、と言う。実際に自分のまわりにも、生き延びるための地をアメリカや日本やフランスなどに求めた人はたくさんいる。アロン自身もこのころアメリカ留学を考えるのと同じくらいの真剣さで、アルゼンチンへの移民を考えていたということを、何かの折に聞かされて驚いたことがある。だからアロンは自分の居場所など関係ないというのだ。どこにいても台湾語を守る仕事は続けるのだから、と。

アロンは若いころから、台湾を出てもっと広い学問の世界に触れてみたいと夢見ていた。そんな漠然とした夢ならば、おそらくほとんどの人が一度は頭に描くだろう。しかし台湾では兵役をすませるまでは長期に外国へ行くことは許されない。七四年に兵役を終えたとき、アロンはやはり外国に行って勉強したいと考えた。だがこのときはお金がなかった。

「じゃあ、留学資金は台湾電力の給料から貯金をしたの?」と訊いてみた。給料はずいぶんよかったと何回も聞かされている。

するとアロンは、くすっと笑って「株で儲けたんだ」と言った。台湾では、人々は割合気軽に株を買うように見受けられる。若い女性などでも株を買う人は多いという。

アロンが言うには、あのころは経済が上向いていたから株を買えばたいていは儲けが出た。これで二年ぐらいの留学なら充分だと思える額になったから、それを使うことにしたという。アメリカ留学を目指して貯金をした、などと言わないところがアロンらしい気がする。だが眉唾と思える話も時折混じる。アロンは株で損したことはほとんどない、と言うのだ。株に投資する金はいつもべつにしておいて、たとえば三万元のパソコンを買いたいと思ったら、それだけの利益が出た段階ですぐに株を売ってしまうからだそうだ。

「ぼくは欲張りじゃないんだ」と彼は言う。確かに欲張りには見えないが、本当にそんなにうまくいくのだろうか。

ところが留学の資金が用意できたというのに、すぐに実行できない事情が生まれた。それは困った問題ではなく、むしろ逆だった。前にも少し触れたがプログラミングの仕事が非常に好調で中断することができなかったというのだ。八七年から九〇年にかけては、アイディアがつぎからつぎへと途切れなく生まれた。毎日十二時間もプログラミングに費やし、食事の時間さえ惜しいというありさまだった。

真夜中に突然アイディアが浮かぶこともあった。すぐに起きてコンピューターに向かい、試してみる。するとさらに絶妙なアイディアが浮かんで、それまで手こずっていた難問がすらりと解けてしまう。そうこうするうちに次第に夜が明け、その日のうちにプログラムを書き上げたりした。こんなことは一生のうち、そうそうあるものではない。自分でもそう思うくらい好調だった。それで留学の計画を延ばし延ばしにした。いったん決まっていた留学の延期申請を出したこともあった。

「それにしても台湾人の生活は忙しすぎる」とアロンは言う。台湾語を勉強する暇さえない。仕事をしつつ勉強をするなどというのは至難のことだ。アメリカ行きによってそれを何とか断ち切り、考える時間をつくりたかった。留学してまずやりたいのは、いままでの研究を論文にまとめることだ。だから「ＴＩＴＥＳマルチメディア教学システム」関連の資料を整理し、論文を書くための準備を整えた。

ところがまたべつの障害にぶつかった。ビザ取得が予想外に難航したのだ。留学申請を出していたミズーリ大学から入学許可が出て、準備はすべて整った。そこでアロンはビザ取得手続きのために台北に出向いた。アメリカン・インスティテュートに顔を出したのは九〇年十一月二十七日のことだ。

台湾は、日本も含めて外国となかなか正式に国交を結べない。その理由は周知のように、中国が

「ひとつの中国」を主張して、台湾を中国の一部として扱うよう外交相手国に強いているからだ。そのため台湾はアメリカとも正式な国交はないから、台湾にはアメリカ大使館もない。かわりに大使館が行う事務手続きはアメリカン・インスティテュートがやっている。日本が台北に大使館をおいていないために、外交実務は交流協会という機関が行っているのと同じだ。そこでアロンは必要な書類をすべてそろえてアメリカン・インスティテュートの窓口に提出し、ビザを申請した。だがたった一分間の面接で追い払われてしまった。

このとき応対した係官は、台湾の人々が時に侮蔑を込めてABCと呼ぶたぐいの人、つまりアメリカ生まれの中国人（American-born Chinese）だった。彼らはアメリカ人から何かにつけ差別的に扱われるせいではないかと思われるが、その意趣返しのように台湾人に対して権力を振り回す。

その係官は、書類の中身などろくに見もせずに、年齢だけチェックして、

「グラントはあるか」と訊いた。

「ない。ぼくは大学で勉強するために行くのだから」と答えた。

ABCが言うには、台湾のしかるべき企業がグラントといわれる書類をつくって身元を保証し、経済的な責任も負うという証明をしない限り、ビザ発給はムリだという。

「勉強すると言ったって、キミは大学を出てから何年たっているんだ。移民したいというのは、見え見えじゃないか」と彼は横柄な口調で言い、そのうえ片手をヒラヒラと振って追い払うような仕草をした。アロンは四十歳になっていた。

アメリカン・インスティテュートを出ると、ブローカーが近寄ってきた。ビザが取れなかった人は、ようすで分かるのだろう。ブローカーたちは、高い代金を取ってビザの取得を代行するのを商売にしているのだ。アロンはブローカーの申し出は断ったが、腹の虫がおさまらなかった。あのABCは、なぜ留学したいのか、何を勉強したいのかなどは話題にもせずに、門前払いしたのだ。アロンは二日後の二十九日に、またアメリカン・インスティテュートへ行った。

こんどはABCではなく、アメリカ人の係官が応対した。彼は一応話を聞こうという姿勢だったので、アロンは必死になって説明した。留学目的について、アメリカで何を勉強したいかについて。面接時間は三十分ぐらいだった。だが結局ビザは下りなかった。

外に出ると、またブローカーが声をかけてきた。

「あんたの歳じゃムリだよ。留学なんて誰が信用するものか。私に任せなさい。一年後には家族も呼び寄せられるようにするから」

アロンはブローカーの執拗な誘いを振り切り、そのまま台南に帰った。

アロンはすでに学士号は二つ持っていた。職歴にも、第三原発のメカニカル・エンジニアという立派なキャリアが記されている。それなのにもうひとつ学位を取るためにアメリカに渡るなどと言っても、信用してくれる人はいない。移民したいのだろうと疑われてもムリはない。それが分かるだけに気が沈んだ。

ビザが下りなかったと知ると、妻はほっと安堵の色を見せた。妻は、アロンがアメリカに行くのに反対だった。妻だけではない。彼女の両親や身内はもちろん、アロンの両親も賛成はしてくれなかった。何をいまさら、というわけだ。そんなことをして何の役に立つ、と皆が口々に言った。

さてどうしたものか、とアロンは思案した。どこかの企業にグラントなる書類をつくってもらうことは、できないことはない。だが、なぜそんなことをしなければならないのか。長い時間をかけて準備してきたし、どうしても学びたいこともある。学費もちゃんと準備をしたからアルバイトの必要もない。アメリカでは勉強に明け暮れるつもりだった。

一週間後の十二月五日、アロンは夜行列車に乗った。朝台北駅に着いた。そのままアメリカン・インスティテュートへ向かった。こんどは作戦を立てていた。これはビザ申請のラストチャンスだ。

面接したのは、二回目とはべつのアメリカ人の係官だった。アロンは、いままで書いた論文を綴じて差し出した。厚さが三センチもあった。いままで作成したソフトも提示した。それから、人工知能について滔々と説明をはじめた。専門用語を構わずに織り交ぜて、自分がいかにハイテクに詳しいかをアピールした。自分はこれだけの研究を重ねてきて、そのうえさらに勉強をしたいからアメリカへ行くんだ、そう説得できなければ万事休すだ。一時間ほど喋り続けた。

係官は、じっと聞いていてくれた。

「まだきみの渡米の動機に疑いはある。だが、きみの話を聞いた以上、拒否するわけにはいかないだろう」

そう言って彼は、ポンとパスポートにビザのスタンプを押してくれた。

この話を聞きながら、私はつい苦笑してしまった。アロンほど寡黙と饒舌の両極端を持ち合わせている人を、私は知らない。彼の妻もそう言う。十日以上もひと言も口をきかずにコンピューターの前に座り続けていたかと思うと、コンピューター・テクニックについて友人が問い合わせの電話をよこしたのをきっかけに、五時間も長電話をすることがあるそうだ。

饒舌、というだけではアロンを語りきれない。アメリカ留学を経た現在でも、アロンの英語は上手とは言えない。文法上の間違いも発音の間違いもたくさんある。それでも彼は平気で喋る。いまの英語力から推し量っても、留学前の彼の英語のお粗末さは推測できるが、それでも平気で喋って通じさせてしまうところが、彼には確かにある。

ビザがやっと取れたとき、ミズーリ大学の入学手続きの締め切りはもう一週間後に迫っていた。手続きをすませ、航空券の手配をした。日程が差し迫っていたので安いチケットは手に入らず、正規の料金に近い高いチケットを買う羽目になった。

コンピューターを武器に

登山用のリュックを背負い、両手に古ぼけたトランクを下げて、アロンはアメリカに向けて出発した。一九九一年一月二日のことだ。妻と一緒に空港まで見送りに来た息子は十歳だった。もう抱っこするには大きすぎたが、アロンは落ち着かない気持ちで彼を抱き上げたり下ろしたりしたという。

ノースウェスト機でデトロイトへ、そこでカンザス行きに乗り換え、ミズーリ大学へ着いたのは同日の真夜中の三時だった。うとうと眠って目を開けると、真っ白い雪が朝日に輝いていた。アロンは思わずカメラを持って外に飛び出した。外気はキリリと冷たく零下五度。リスが何匹か雪の上を走り回っていた。講堂のとんがり屋根に朝日が当たるのにピントを合わせ、シャッターを切った。四十歳をすぎて宿願を果たした喜びが、アロンの胸に溢れていた。しかし本当の戦いはこれからだったのだ。

ミズーリ大学（CMSU、Central Missouri State University）を選んだ最大の理由は、学費や住居費が安いことだった。その一方で、この大学は教員養成に力を入れていて、コンピューター関係の講座でとくに優れているわけではないことは分かっていた。しかしアロンは、それまで書いた論文をさらに深めて修士論文にまとめるのを最初の目標としていた。だからコンピューターの専門領域については、アドバイスをもらえる人を見つければよいと考えた。それに情報処理の知識を増やせば研究には有利だろうと考え、図書館情報学を専門科目に選んだ。ミズーリ大学には外国からの留学生が四百人もいたから、大学のあるウォレンスバーグの住人は外国人に慣れていて親切だった。

ミズーリ大学にはたくさんのコンピューターがあり、性能も大きさもさまざまだった。パーソナルコンピューターは、ＩＢＭやヒューレットパッカードなどのＰＣのほかにも、たくさんのマッキントッシュが各部署に配置されていた。レーザープリンターも千台以上あった。図書館の地下室にはメンテナンス・センターがあり、大学全体のコンピューター設備のメンテナンスに関する責任を負っていた。学生に人気があったのはやはり、グラフィック・ユーザー・インターフェースを使っているマッキントッシュだった。一方でＰＣは主として事務や図書の管理、情報検索に使われていた。

インターネットもかなり普及していた。研究者用の国際的なコンピューターネットワーク、ＢＩＴＮＥＴも自由に使うことができた。けれども台湾からの留学生たちは、これらの便利で貴重な情報源をほとんど使おうとしなかった。台湾ではインターネットの開始が遅れていたからだ。八七年に教育部（文科省）のコンピューター・センターがＢＩＴＮＥＴに接続したときでさえ、学校のインターネット普及状況はゼロに近かった。日本でもインターネットが一般に解禁されたのは確か九四年のことだ。だから台湾と同じように、この点ではアメリカにはるかに遅れていたことになる。

夏休みを利用して、アロンはＢＩＴＮＥＴでさまざまな情報探索を試みた。それを台湾のＩＴ関係の雑誌「自動化科技」四七期に発表した。台湾ＩＢＭがそれを読み、転載を申し込んできた。台湾も日本もアメリカの進歩したインターネットを必死に追いかけていた。その後、台湾でもそして日本でもインターネットはすっかり普及し、いまでは私たちは自宅でインターネットを通じて多くの情報を得られるようになった。だがあのころは大学の大型コンピューターでさえ使い勝手は悪かったというから、やはりこの間の変化はすさまじいものだ。

ミズーリ大学の図書館に入り浸っているうちに、感心させられたことがあるとアロンは言う。充実したコンピューター設備もさることながら、職員たちの努力だ。さまざまなシステムがコンピューター化されていくなかで、彼らはそれに適応しようと熱心に勉強し仕事に取り組んでいた。大学の図書やメディアの検索システムも非常に整備されていた。OCLC（Online Computer Library Center）では、全米の各大学および世界の有名大学の図書館の資料を網羅して、国際的な図書館のデータ検索ネットができていた。図書館同士の協力によって、どこの図書館からも必要な資料を入手できるのだ。残念だったのは、台湾とネットでつなごうとしても、すぐに接続できるウェブサイトが見つからなかったことだ。大きな差があることをまた思い知らされた。

図書館の豊富な資料を利用できたため、論文を書いているときに疑問点などをすぐにチェックできて非常に便利だった。それに、貴重な古本を買う幸運に恵まれたことも忘れられない。あれもまさにインターネットの恩恵だった。

あるとき下宿の古ぼけた部屋で、ワシントン・アーヴィング著の『アルハンブラ』という本を見つけた。かなり古そうだが傷みは少ない。けれど版権を記したページはなくなっていたから出版年などは分からなかった。もしかすると十九世紀に出版された本ではないか、とアロンは思った。それで大学に戻り、ＯＣＬＣで書名を検索してみた。表示された出版記録をひとつひとつ照合すると、本の大きさ、ページ数、装丁の仕方などから、これは一八五二年に出版された古書だと分かった。さっそく持ち主と交渉して安く譲ってもらった。彼はべつにこの本に価値を見いだしていないらしく、アロンの申し出に簡単に応じてくれた。小さな発見にすぎないが、古いものが好きなアロンは数日間は有頂天だったという。

留学生活はまずまず順調にすべり出したかに見えた。だが授業がはじまるとすぐに、英語力の不足を思い知らされた。とくに研究発表をさせられる場合は、大げさでなく生きた心地がしなかった。あるクラスで、学生が自分の好きなテーマを決めて順番に発表するというのがあった。発表を終えるとほかの学生から質問が出される。それに答えると、さらに意見が出されて全員で討論をする。発表者は事前にテーマに関連した本を読んでレポートにまとめ、それを配布することになっていた。教室には学生に交じって関連分野の教師も参加して発表に耳を傾ける。だから発表者はかなり緊張させられる。

アロンに発表の順番が回ってくる前に、英作文のテストがあった。アロンは二回続けて最低の評価をもらい、すっかり自信をなくしていた。アロンにとっては外国での生活自体が初めてだ。しかもまわりには知人は一人もいない。同じ学科に台湾人はアロン一人だった。どうしたらよいかと悶々とするうちに、大学にライティング・センターというのがあると教えられた。そこでは、英文を書くのが苦手な学生の手助けをしてくれるという。さっそく行ってみると、英文を書いて持っていけば添削してくれることが分かった。そこの助けを借りれば、時間はかかるだろうがレポートを仕上げられる。やっと人心地がついて、足繁くライティング・センターに足を運んだ。

いよいよアロンの発表の番が回ってきた。テーマは「人口知能及びその応用」とした。事前に要点をまとめて参考資料を準備した。それをコピーして同級生たちに配った。発表は二時間を越えた。発表を終えたとき、思いがけなく拍手が起きた。賞讃の声をかけてくれる人もいた。学科主任は女性だったが、彼女は驚いたような目でアロンを見た。それまではきっと、彼が何を考えているのかもよく分からなかったのだろう。彼女は自分から、論文指導教授になりたいと申し出てくれた。

それからというもの、学科内でコンピューターのトラブルが発生するとアロンに相談が持ちかけられるようになった。台湾で着々と磨いてきた腕前を発揮する場ができたというわけだ。大学が次第に居心地のよい場所へと変わっていった。

マルチメディア教学システム

ミズーリ大学では、専門の図書館情報学のほかに英語学科のＣＡＩ（computer-assisted instruction）つまり「コンピューターを利用した英語学習」も履修した。このクラスで、アロンは自分がつくった「マルチメディア教学システム」を見せてみた。彼らが使っている市販のソフトとくらべても遜色はない。だんだん自信が湧いてきた。

大学にはソフトが非常にたくさんあったので、それらを研究するには恵まれた環境だった。当時CD-ROMはすでに普及していたが、マルチメディアはまだ発展途上だった。アメリカの情報の流れや処理を観察するだけでもおもしろくて、ほとんど大学に入り浸りだった。出歩くのは学校の周辺数キロ四方だけだったが充分満足だった。とくにコンピューター関係では、新しい知識や情報をどんどん吸収できたからだ。

夏の学期が終わった。この時期に学んだことを記録しておこうと、アロンはマルチメディアについてまとめてみた。これは「多媒体電脳系統（マルチメディア・コンピューター・システム）」というタイトルで「自動化科技」91期に掲載された。なんとかマルチメディアを実用化してさまざまな形で活用したいという思いで書いたものだ。実際、マルチメディアのテクニックはかなりの汎用性があるので、このころは日本でも先端的な話題だった。

それをすませるとアロンは、修士論文と学位の試験の準備に専念することにした。何事にも用意周到なアロンは、台湾にいたときから論文やプログラムなどを集めて論文を書く準備をしていた。それに関連の論文をいくつも「自動化科技」に発表し、それらは国家科学委員会が収録した中華民国科技期刊論文索引にも載せられるようになっていた。そうした業績をすべてまとめる形で、学位論文を仕上げるつもりだった。自分が台湾でコツコツとやってきたことが、アメリカで通用するかどうかを試したい気持ちがあったのだ。コンピューターやインターネットの先進国アメリカで通用すれば、それはまさに世界を相手にできるということなのだから。

日本でも一九八〇年代半ばからパソコン通信がはじまり、それまでのテレックスによる通信を大きく進歩させた。だがそれから約十年後にインターネットが使えるようになったとき、「ニフティ(nifty)なんか目じゃない、相手は世界だ」とよく言われたそうだ。実際、コンピューターやインターネットはやすやすと国境を越える。英語は苦手でもコンピューターのテクニックがあったアロンは、日々それを実感したという。

修士論文に取りかかってみると、指導教授たちがアロンの主張に辛抱強く耳を傾けてくれるのにあらためて気づいた。自主性が尊重され、あくまでも学生のやり方や考え方を中心にして、それをサポートする形で論文指導が行われたのは、アロンにとっては新鮮な喜びだった。

アロンが提示した論文のテーマや執筆要綱に、指導教授は全面的に同意してくれた。指導教授と話し合った結果、論文のタイトルは「エキスパート・システム・シェルを応用した、コンピューター・マルチ・メディア言語教学システム(A Multimedia-based Bilingual Instructional System Using An Expert System Shell)」とすることにした。これはのちに、台湾語の辞書をつくっていく重要な基礎となった。だから指導教授の助けは、アロンの台湾語の辞書の一里塚として刻まれていることになる。

学科主任はさらに親切だった。アロンに奨学金を申請するよう勧めてくれ、そのための支援は惜しまないと言ってくれた。アロンなら一年間論文に集中すれば、素晴らしいものを仕上げられるはずだと激励し、その条件を整えるよう配慮してくれたのだ。アロンは感激したという。台湾から来たひとりの学生のごく初歩的な研究のために、経済的援助を得られるようにとまで気づかってくれたのだから。

けれどもアロンは、奨学金はいらないと断って状況を説明した。アロンは過去数年を費やして、論文が書けるだけの準備はすでにしてきている。いまもし奨学金をもらえたとしても、論文を書くために一年間もの時間を費やすつもりはない。実際にアロンにとって最も大切なのは時間だった。アロンは指導教授や学科主任に、論文は四カ月で書き上げるつもりだと宣言した。

論文を書くのには、マッキントッシュのＷＯＲＤを使った。論文には図表、写真、引用文献などがふくまれていたから、その点このソフトは使い勝手がとてもよかった。論文は一段落ごとに指導教授が目を通して、アドバイスをくれた。アロンは指摘された箇所の訂正をその日のうちにすませ、また教授に届けた。結局七回もチェックと書き直しを繰り返した。完成間際には三人の指導教授が集まり、内容を仔細に検討してくれた。アロンはそれらを全部生かして決定稿をつくりあげた。この間毎日五時間しか眠らず、一日二回の食事をすべてインスタントラーメンですませるという乱暴な生活を送った。

「ところが分からないものだよね」とアロンは笑みを浮かべる。「長年ずっと悩まされてきた胃の不調が、このとき治ってしまったんだ」

そういう不思議もこの世では時折起きるような気がする。

アロンが論文に取り組んでいたのは、ちょうどクリスマスの季節だった。それなのにミズーリでは、異常気象のせいか例年のように雪は降らなかった。書き上げた論文は大学院に提出して審査を受け、無事にパスした。そのあとで学科主任がアロンにこんなことを言ったそうだ。

「あなたが夜中まで熱心に論文を書いているのを知っていたから、気になって私もよく眠れなかったわ」

そのせいでたくさんタバコを吸ってしまった、とも彼女は言った。彼女はアロンが台湾に帰ってから十数年後に急逝してしまった。タバコを吸いすぎるクセが、あのときについたのでなければいいが、とアロンは時々胸が痛むという。

アロンは無事にパスした論文「エキスパート・システム・シェルを応用した、コンピューター・マルチ・メディア言語教学システム」を多くの人に見せたかった。そこでマイクロフィルムの出版社に委託してマイクロフィルムをつくった。またアメリカの国会図書館で著作権の登記もした。同じような研究を進めている人たちに、自分の論文は役立つはずだという確信があったからだ。

五　キーを叩く日々

商品化ならず

学位が取得できたので、アロンはつぎの行動に移った。まずテキサス・インスツルメンツ社に連絡を取って、パーソナル・コンサルタント・プラスのランタイム版のコピーを千個購入する交渉をはじめた。

いよいよ実社会に立ち向かうときが来たのだ。それで手始めに、「ＴＩＴＥＳマルチメディア教学システム」を商品化することにした。そのためには必要な手続きがあった。もともとマルチメディア教学システムを作成するにあたって、その一部であるエキスパート・システムをつくるためにパーソナル・コンサルタント・プラスを使用していた。だからマルチメディア教学システムを販売する場合には、そのアプリケーション・プログラムを動かすためのランタイム版の使用料を払う必要があった。

ところがテキサス・インスツルメンツ社のソフトウェア部門からは意外な返事が返ってきた。同社ではすでに、パーソナル・コンサルタント・プラスの発行を中止することを決定したというのだ。つまり今後はアップデートも一切行わないということだ。仕方がないので、アロンは結局、修士論文に使用したコピー一部のみの使用料を払ってこの交渉を打ち切った。

修士論文にパーソナル・コンサルタント・プラス・ランタイムを使用したことで、使用料を払う義務があるのだろうか。そう私が疑問を呈すると、アロンは事情を説明しながらこんなふうに主張した。厳密癖の彼らしい考え方だ。

アロンはもともとマルチメディア教学システムを開発するさいに、台南の成功大学で借りたパーソナル・コンサルタント・プラスを使っていた。それは成功大学が五千ドルで購入したものだった。ミズーリ大学へ行ってからは、そこにはパーソナル・コンサルタント・プラスはなかったので、成功大学で借りたものを引き続き使うことになった。だからミズーリ大学でプレゼンテーションをするには、プレゼンテーションをする本人がその使用権を購入する必要があると、アロンは考えたという。論文審査員は、論文で使っただけだからその必要はないとの意見だった。しかしアロンは、ミズーリ大学でそれを使う権利は自分にはないと考えたし、自分でランタイム版の使用権を購入しておきさえすれば、いつどこででも誰に対してもプレゼンテーションを行えるとも考えた。

この思いがけない出来事で、「TITESマルチメディア教学システム」を商品化する構想は打ち砕かれた。さぞがっかりしたのではないか、とアロンに尋ねると、彼の答えは逆だった。

「いや、ボクはラッキーだったんだ」とアロンは言う。

なぜかといえば、テキサス・インスツルメンツ社が誠実に対応してくれたからだ。同社はマイクロチップや半導体などの製品や新技術をつぎつぎに開発してきた。パーソナル・コンサルタント・プラスも非常に重要なソフトだ。エキスパートシステムの一種で、プログラムを実行するさいの司令塔のようなものだから、プログラム作成には重大な役割を担う。マイクロソフトも、ウィンドウズシステムをつくるさいには、テキサス・インスツルメンツ社の技術を大いに参考にしたと見られている。

けれどもこのころ、DOSシステムは次第に淘汰される状況にあった。それを見越してテキサス・インスツルメンツ社はパーソナル・コンサルタント・プラスをそれ以上アップデートしない決定を下したのだろう。ちょうどそんな時期に、アロンは使用料を払って使用許可を取ろうとしたわけだ。もしもテキサス・インスツルメンツ社が黙ってアロンに使用権を売ったとしても、運が悪かった、ですまされてしまうたぐいのことだ。それでも彼らは、そのことを正直に告げてくれた。使用料はそれほど多額の金ではなかった。とはいえもしもこのときに使用料を払っていたら、アロンは遠からず時代遅れになってしまう商品を抱えて、途方に暮れることになったに違いない。

プログラムデザイナーは、いつこんな危険にさらされるか分からない、先の予測できない仕事なのだ。アロンはあらためてそれを肝に銘じたという。

アロンが自分のプログラムを商品化する夢は、こうして潰《つい》えてしまった。だがアロンは数日で気を取り直したという。

アロンの話を聞いていて、私がいつも不思議に思うのはこの点だ。いままで彼が、プログラミングの仕事でどれくらいの経済的利益を得てきたかは知らない。だが彼はほんとうのところ、金を儲けることをどの程度重視しているのだろうか。この種のことを尋ねると、いつも彼は気取ってはぐらかす。

「シンプルな生活を送るぶんには、まったく金には困ってはいないさ」と。

しかし少なくとも、彼が長い時間と莫大なエネルギーを費やしてつくり続けている台湾語の辞書について、彼はまったく経済的な対価を期待していないフシがある。ときにはこんなことも言う。

「ぼくの『台語語音筆記本』が、もう販売してもいいという段階まで完成したら、このCDを小学生全員にただで配るのがぼくの夢だ。彼らならこのCDで遊びながら台湾語をつぎつぎにおぼえていくだろう」と。彼はほんとうに経済的利益など期待もせずに、長期にわたる複雑きわまりない困難な作業に耐えているのだろうか。

自分のプログラムを初めて商品化しようとして失敗した。だがアロンはすぐに気持ちを切り替えて「TITESマルチメディア教学システム」を改善する方法を考え、それに取りかかった。このアイディアは修士論文を書きはじめる前から温めていたものだ。論文を書き上げたいまは、新たな段階に進むために必要なプログラムを、また書きはじめるしかない。アロンは、そのために使用するソフトウェアを買い集めはじめた。

それまで使っていたソフトといえば、台湾で倚天中文系統という中国語入力ソフトを自分で買った以外は、大学や教授から借りたものばかりだった。そのほかのマシンや設備も大学から借りて使っていた。コンピューターも、自分で持っているのは台湾製のエイサー710XT一台だけで、しかも中古で買ったものだ。アメリカではソフトは安いし、学生向けの特別割引制度もある。それでつぎつぎと必要なツールやマシンを買い足した。なかでもいくつかのシェアウェアは少額でユーザー登録ができた。作者ともつきあいができて、その後ずっと連絡を取り合っている。互いに情報交換をして、いまでは大切な相談相手にもなっている。

帰郷

一九九二年、アロンは台南に帰った。

実はこのとき、アロン夫妻には深刻なひとつの出来事があった。これについてはアロンから、あるいは妻から、あるいは二人一緒の席で何回も聞かされたが、私にはよくある夫婦間のゴタゴタにしか聞こえない。けれど彼らは大真面目だ。

アロンはアメリカで勉強に明け暮れる生活がとても気に入っていた。その効果あって、台湾語のプログラムが一層具体的な段階に入っていた。アロンはこれから先の生涯をかけてそれに取り組むつもりだった。とはいえ実際の作業は緒についたばかりともいえた。台湾での研究成果はひとまずミズーリ大学の修士論文にまとめたから、いよいよ専門領域の研究に取りかかろう、とアロンは意気込んでいた。それを台湾語のプログラムに生かしていけば絶対にうまくいく。そう考えて、アロンは博士課程に進む準備を始めた。

「でも、コンピューターはべつとしても、台湾語の研究は、やはり台湾にいるほうが有利じゃない？」と何回か尋ねたことを私がまた口にすると、妻は得たりとばかりに、

「そのとおりよ」と大きくうなずく。

だがアロンは、

「それが、そうでもないんだ」といつもと同じ言葉を繰り返す。

アロンの台湾語の辞書のユーザーにも、アメリカ在住の台湾人がかなり多い。彼らのなかには、子供たちに台湾語をきちんと教えたいと望む人が少なくない。ワシントンの台湾人学校では、子供の将来を考えて北京語を教えるが、台湾語も教えている。そこでは実際にアロンの辞書を教材として使う教師もいる。親たちもアロンの辞書には非常に関心が高い。台湾語のローマ字表記で最適なものを探していた試行錯誤段階では、彼らは興味津々で実験に協力してくれた。アロンが提案する表記法でメールをやり取りしたのだ。さまざまな話題について思うままにメールを書いてみるというのは、表記法の実用性を検討するうえではまたとない研究材料になった。

そのうえアロンの構想は、私などの想像を超えて大きくひろがっていた。アロンにとっては台湾

語の研究はもちろん重要だ。だがそれ以上にプログラミングテクニックもまた重要だ。私はアロンの台湾語のプログラムに「アロンの辞書」という手軽な呼び名をつけてしまっているが、実際はあれは単なる辞書などではなく、人工知能の領域にまでまたがるものだ。台湾語が七種類あるいは八種類ともいわれる声調を持ち、同じ語でも文章のなかでは時により声調が変わることを考えただけでも、辞書の発音機能には人工知能による判断が必要なことは私にも分かる。

文字を音に変換するテキスト・トゥ・スピーチ、それに音声を文字に変換するスピーチ・レコグニションを、台湾語でつくりあげられたら素晴らしい。それはきっと世界中のさまざまな言語にも適用できるプログラミングテクニックとなるだろう、とアロンは予想していた。しかも台湾語学習者にとって役立つだけではない。ほかの言語の翻訳や通訳にも、あるいはまた視覚や聴覚に障害のある人にも、便利な手助けのツールになるだろう。ほかにも応用範囲はとても広いはずだ。

だからアロンはアメリカで研究を主とした生活を続けることを望んだ。修士論文がパスすると博士課程で学ぶ予定を立て、妻子をアメリカに呼び寄せる準備を始めた。家族用の寮に入る申込みをしたところ、運よく住まいも確保できた。そこで台南にいる妻に来るように連絡すると、一度は渡米を了承したはずの妻の返事がはかばかしくない。どうしたのかと尋ねると、心配させたくないから言わなかったが、手術をすることになったからアメリカへは行かれない、と妻は言った。

驚いて、いったい何の手術だと問い返すと、妻は口ごもってから「子宮筋腫」と答えた。

台南にようすを見に行き、またアメリカへ戻るほどの余裕はなかった。妻はアロンが不在の一年半、毎週定期的にアロンが電話をするのを待ちかまえているようすだった。電話をすれば、妻はいつもすぐに受話器を取った。愚痴も言わず弱音も吐かなかったが、アロンが留守にしている家で寂しさに耐えて生活していることは伝わってきた。手術の時くらい付き添うべきだ。そう考えてアロンはひとまず台南に帰ることにした。

そうアロンは説明する。しかしこの件について、アロンの妻は一切語ろうとしない。きっとアロンには伝わっていない言い分が何かあるのだ。

台南に帰ってみると、妻が手術をするというのはウソだったとアロンは言う。これはその後何回も、夫婦の間で蒸し返されては諍《いさか》いになったという。

だって、手術するとでも言わなければ、あなたは帰って来ないでしょう、と妻は言った。手術をすると言って強引に引き戻せと、母から入れ知恵されたとも言った。アロンはウソをつかれたと知って怒り狂った。私の前でこの話題が出てしまったりすると、アロンはこんなふうに話すが、妻はいつも冷静な表情のまま沈黙を守るのみだ。

しかしたぶん、アロンはひとまず台南に帰ると言いつつも、この時点でアメリカを引き揚げることと心に決めたのではないかと私は想像する。というのもこのとき、彼はたくさんのマシン類を持ち帰っているからだ。たぶん彼の心のなかで、微妙に天秤が揺れたのだ。台南へ帰る、という側に。

それがいったいなぜだったのかは、アロンは黙したままその後も心中で考え続けているのではないか。いまでは私の目には、アロンは台南で日々を送ることに満足しているふうに見えるが。

アメリカ留学のために用意した資金はまだ残っていた。そこでアロンは思い切って三台のコンピューターを買った。ＩＢＭのＡＴ、ｉｎｔｅｌ　ＣＰＵ８０４８６。通称ＰＣ４８６だ。さらにＣＤ－ＲＯＭ、サウンド・カード、スキャナー、レーザープリンターも買った。当時はＣＤは高価だった。だがＣＤの出現で、カビの恐怖から解放された。台湾は湿度が高いからフロッピーにカビが生える。すると保存したデータが失われてしまうのだ。

これだけマシンをそろえれば、台南の自宅に仕事部屋がつくれる。そう考えつつも一方で、アメリカで研究生活を送りたいという望みも捨ててはいなかった。いつも数式のようにすっきりと物事を説明するアロンも、このときばかりは矛盾した考えを抱いて帰郷したことになる。

しかも慎重なアロンに似合わず、このときＰＣ４８６を三台も買ったのは失敗だった。二年後には次世代製品ＰＣ５８６が出た。これはＤＯＳシステムだがウィンドウズも搭載されていた。スピードが速く容量も大きかったから、動画には飛躍的に便利になった。マルチメディアを扱うならば、ＰＣ５８６でなければダメになった。結局九六年に、アロンはＰＣ５８６を一台買う羽目になった。

妻が重要なことでウソをついたと知って怒りに駆られつつ、アロンは台南での生活をスタートさせた。このあたりのいきさつはどうやら第三者には忖度《そんたく》するのは難しい。なぜなら彼らは諍いはするのだろうが、ぴたりとウマが合っていると見えるからだ。二人はまったく違う方向を向いていながら、その強烈な自分勝手さがうまく釣り合っている。

彼女はあんなにたくさんのコンピューターがある家に住んでいるのに、コンピューターに触《さわ》ろうともしない。もったいないことだ、アロンがいるというのに、と私は思う。アロンは何かに熱中している人によくあるタイプの、教えたがり屋だ。コンピューターや台湾語についてちょっと質問すると、うんざりするほど熱心に説明してくれる。近頃ではスカイプを使うので通話料金の心配がなくなったから、この傾向はひどくなる一方だ。ちょっとした質問に対しても、説明が一時間や二時間におよぶことがよくある。彼女の話では、友人や知人からパソコンの不具合や操作について助言を求められれば、自分から出向いたりするそうだ。パソコンなら何でも教えてくれるアロンがいるのに、なぜ彼女がパソコンをおぼえようとしないのか、私には分からない。

しかも彼女は台南を出たことさえほとんどなく、わざわざ遠くへ行こうなどと思ったこともないと言う。こんなふうに台南の台湾語世界にどっぷりと浸っている彼女は、台湾語の話し言葉をあれこれと探っていく際には、アロンの強力な助っ人役をしているはずだ。

そして立ち入ったことなので訊いたことはないが、彼女は経済的にもかなりアロンを支えているのではないだろうか。アロンがアメリカから帰ると、彼女はそれまで勤めていた英語学校を辞めて、家で英語塾を開いたという。アロンもそこでコンピューターの授業を開設してみたがやめてしまった。時間が惜しかったのだ。それ以来アロンは、一日の大部分の時間をプログラミングだけに費やしている。アロンならパソコン関係の仕事で収入を得ることはできないはずはない。だがたぶん、アロンは台湾語のプログラム以外のことはやりたくないのだ。これに我慢できる妻などいるだろうかというほどの自由気ままさだ。もちろん気ままといっても、台湾語のプログラムをつくっていく困難さは並大抵ではないだろうが。

さて台南の自宅の仕事部屋には必要なソフトもハードも取りそろえられた。そこでアロンは、「TITESマルチメディア教学システム」のプログラムの書き直しに本格的に取り組んだ。作業は思ったより順調に進み、メインの構成は半年で完成した。

アロンの説明は詳細にわたり、私には理解できない部分が多い。同じ説明を繰り返してもらって何とか分かったのは、こういうことだ。「TITESマルチメディア教学システム」は、もとはエキスパートシステムを使ってつくっていた。それをベーシック言語を使って作り直したのだ。それにしてもいま思えば、DOSバージョンのマルチメディアをつくるのは大変な作業だった、とアロンは言う。だがそれがその後、テキスト・トゥ・スピーチ、つまり文字を音声に変えるプログラムをつくる重要な一歩となった。テクニックは同じだ、歌を出すことができたから、こんどは言葉を出すんだ、とアロンは言う。不思議な世界だ。

日々細かい作業を積み重ねていった。次第に「TITESマルチメディア教学システム」と「TITESマルチメディア管理システム」ができあがっていった。文字や図版や音や動画を組み合わせるだけでなく、マウスで動かす図形も加えた。画面を美しくするための手直しもした。六種類の24×24ピクセル（画素）の中国語フォントを使った。当時は中国語フォントは16×16ピクセルがふつうだったから、これで格段にきれいになった。解像度も上げた。１０２４×７６８×２５６のハイデフィニションだ。当時としては非常に鮮明な画面だった。こうした編集や手直しをしてみて分かったのだが、プログラムの数式が以前より短くなった。使ってみると速度が速くなっていた。一応完成したあとで、さらに動画をデザインしてシンボルにした。これからはバージョンアップする場合も、ツールに制限されることはない。つまりネットワークに接続せずに使用できる、スタンド・アローンのソフトができたのだ。

このころの爽快な気分を振り返り、アロンは「失之東隅、収之桑楡」と表現する。つまり「朝無くしても夕方には取り戻す」あるいは「失敗してもあとで確実に取り戻す」という意味だ。仕事は快調だった。

コンピューターについては門外漢の私には、残念ながらその爽快な気分は感じ取れない。ただ、ユーザーが容易に使えるものに改善するために、アロンが細部にまでさまざまな技術を応用し、無数の工夫を積み重ねてきたことが理解できるだけだ。アロンは、当時のＤＯＳのマシンでは最高のレベルのマルチメディアをつくりあげたのだ、といまでも自慢だ。そしてこれらの細かい作業はすべて、アロンの辞書に集約されていく。

〝死の行進〟と〝台湾軍の歌〟

このころだったと思う。アロンのアメリカ留学をはさんで、四年ぶりくらいに私はアロンに会った。

台湾に行くときはたいていひとり旅だが、このときは珍しく私の夫が同行していた。日本ではまだ寒い三月に、暖かい日差しを浴びて台湾の東海岸のひなびた村や町をめぐり、温泉につかったりなどしたあとで台南に到着した。ホテルに入ってひと休みし、どこかへ行こうということになったとき、私は前触れもなしにいきなりアロンに電話した。私の強引さにあきれたとあとで夫は言ったが、アロンは不思議と私の突然の電話に驚いたふうもなく、一時間ほどで仕事が一段落するからホテルに迎えに行く、と言った。

前に会ったときは、アロンは小さいスクーターでやって来た。私は彼の後ろのシートにこわごわ乗ったものだった。こんどは彼は車で来るという。ホテルの周辺は駐車には不便だから、前の道路に出て目立つ場所に立っていてくれ、とアロンは言った。ホテルの周辺をぐるぐる回りながら私たちを見つけ、素早く拾ってくれるというのだ。

私たちは、道路脇の見えやすい場所を選んで立った。車、オートバイ、自転車それに人々が、無秩序な混雑のなかを果敢に行き交っている。だがほどなくアロンは私たちを見つけて、ウィンドウグラスを下げて合図を送りながら、慎重に歩道へ車をつけた。

その車を見て、私たちは思わずぽかんと口を開けたかも知れない。私の夫もかなりの節約家だ。文筆業でフリーの生活が長かったから、無駄遣いをせず物を捨てずに暮らすクセが身についている。その彼も呆気にとられるほどアロンの車はポンコツだった。茶色ともゴールドともつかない妙な色で、しかもドアとボディの色合いがかなり違う。車体を眺めても傷や凹みはとくにないが、全体になぜかまるでツヤがなく、古色蒼然としている。

いざ乗ろうとすると、後部ドアの片方はロックが効かないために針金で内部のハンドルに留めつけられていて、開閉できなかった。私たちが車道側にまわって乗り込むと、アロンは何食わぬ顔で車を発進させた。そして、自分の家の近所にある造成中の公園に見せたい物がある、と言った。

三月といえば東京では気温は日中でも十度に届かない。それなのにその日台南は三十度を越えていたから、私たちは薄手のTシャツでも暑くてたまらなかった。だがアロンは革ジャンを着て、その下には厚手のカッターシャツ、さらにその袖口からは下着の長袖シャツがのぞいているという、あきれるほどの厚着だった。三十度は、アロンにとっては涼しいのだろうか。

アロンは赤い土がむき出しになった公園造成地の片隅に車を止めると、炎天下をどんどん歩き出した。工事ははじまったばかりらしく、あちこちに土を盛った小山があるほかは木陰ひとつない。暑さに弱い夫はたちまち顔を赤く上気させた。いったいあの男はどこへ行くのだ、何をしようというのだ、と不機嫌さを無遠慮に顔に出しはじめて、私をはらはらさせる。

アロンはそんなことにはまるで頓着せず、土に半分埋もれた六十センチほどの大きさの石のところでしゃがみ込んだ。石は丸く磨かれているが無惨に転がされ、土埃にまみれている。アロンは素手で土を払いのけた。すると文字が現れた。どうやら日本語のようだ。私たちはアロンの手元を見つめて、奔放に躍るような草書体の文字が出てくるのを目で追った。私と夫と二人がかりで読みとったのは、つぎのような俳句だった。

薫風《くんぷう》や千里の馬の嘶《いなな》きて

いったい誰の句だろうと、こんどは私も手伝って碑の背面の土を払った。そこにはこんな文字があった。

台湾軍司令官陸軍中将本間雅晴

へえ、と驚きの声をあげたのは夫だった。

私も、本間雅晴なら、名前ぐらいは知っている。太平洋戦争中にフィリピン攻略の戦闘を指揮した。そして戦後になって戦犯裁判にかけられ処刑された人だ。日本軍に投降したアメリカ軍兵士および民間人捕虜を移送するさいに、苛酷な長距離の行進を強いたために多数の死者を出した責任を問われたのだ。これは「バターン死の行進」と呼ばれている。だが本間自身は、フィリピン攻略を命じられたときにも中国との和平を願っていて、それもできずに米英と新しい戦争を起こすべきではないと考えていたとも伝えられる。にもかかわらず日本軍の責任を負って命を落とす羽目になった悲劇的な最期が、日本では美談のように語り継がれている。本間雅晴が体格のよい美丈夫であったこと、英国駐在を経験していて流暢に英語を話したことなども、逸話にいろどりを添えている。

本間の妻はマニラの法廷にまで足を運び、弁護団の証人として本間を弁護する証言をした。自分はいまなお本間の妻であることを誇りに思い、娘は本間のような男に嫁がせるつもりだし、息子には「日本の忠臣」である父親のような人になれと教える、と。

本間は死の直前まで妻子に手紙や辞世の句を書き送り、「御国」の犠牲になる誇りや、妻と別れるつらさをつづった。あの時代に生きた男の哀切が溢れている。

本間雅晴の句碑 ono（http://tw.myblog.yahoo.com/ckmanbo-ono/article?mid=8822&prev=8986&next=8588&l=f&fid=38）提供

だが彼の句碑が、なぜアロンの家の近くにあるのだろう。

アロンが土まみれになった本間の句碑を私に見せてくれたあのころは、いまから思えば台湾の人々のあいだで郷土史への関心が高まっていた時期だった。八七年に戒厳令が解除されてから、言論が次第に自由になり、教育内容も変化していった。それまでは、国民党政府が台湾省は中華民国の一部であると強調するあまり、学校教育でも台湾の歴史は片隅に追いやられ、中華民国の歴史ばかりが教えられた。その反動のように、自由化が進むのと併行して人々は台湾の歴史に興味を持ち、日本の植民地統治下にあった半世紀も含めて郷土の歴史を探ったり語ったりし出した。

アロンとそうした資料についてその後もメールでやり取りするうちに、台湾に残されている本間雅晴の足跡が浮かび上がってきた。

本間雅晴陸軍中将は、一九四〇年十二月に台湾軍司令官となって台湾に赴任した。台湾は中国にもフィリピンにも近いから、いったんコトが起きれば重要な拠点となる。だから本間の台湾赴任は順調な出世でもあった。

本間が台湾軍司令官として赴任した翌年の四一年、八月十六、十七日と二日にわたって、台南後甲馬場で台湾第三回騎道大会が開催された。この後甲馬場はいまはもうない。だがアロンが教えてくれたURLで当時の地図を見てみると、この馬場もやはり現在のアロンの家からそう遠くはない。だがそれより驚いたのは地図の精密さだ。

この地図は、一九四四年に米軍が台湾攻略に備えて作成したものが、インターネットで公開されているのだ。台南の道路や主要な施設はもちろん、地名も正確で詳細に記録されている。後甲馬場は「競馬場（Race Course）」となっていて、近くには「放牧場（Range）」もある。米軍がこんな緻密な地図を作成していたことを当時日本側はどこまで把握していたのだろうか、と思わずにはいられない。ちょうどこのころ私の母は台南で、隣組の婦人部長に叱りとばされながら、庭木を伐採して門の前で燃やす訓練をしていたという。訓練の目的はといえば、生木を燃やして大量の煙を出し、米軍機の目をくらませることだったというのだから、泣き笑いでもするしかないではないか。

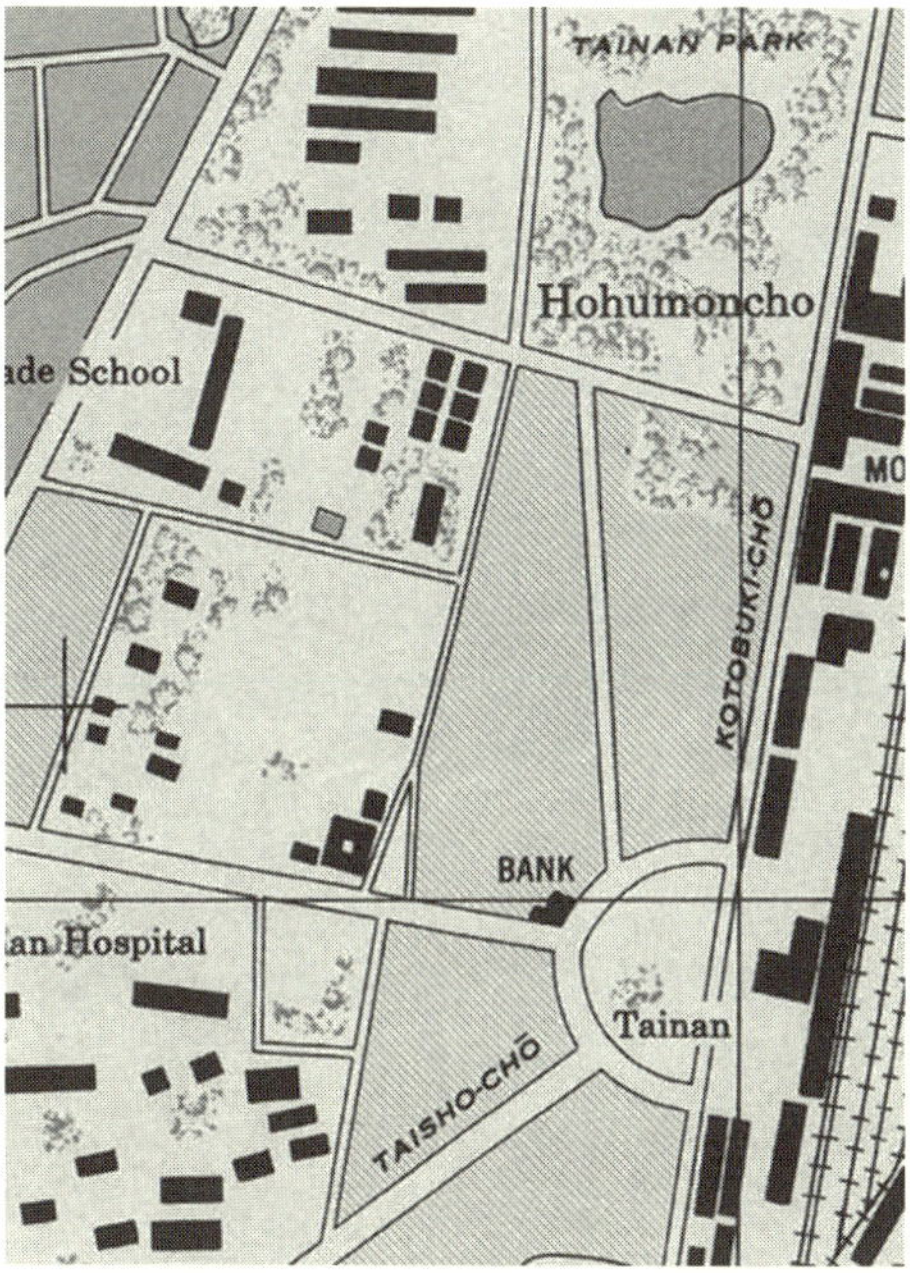

1945年台南地図の一部（台南駅付近） the University of Texas Libraries（http://www.lib.utexas.edu/usage_statement.html）提供

　話は横道にそれたが、当時の「台湾日日新報」にも本間の関連記事が掲載されている。本間雅晴台湾軍司令官は、台北から台南まで出向いて台湾第三回騎道大会に出席した。その記念として俳句を詠み揮毫《きごう》した、と書かれている。あの石碑は、その俳句を刻んで馬場に立てたものだろう。

一九九〇年代になるとあたり一帯には東興公園や林森路という街路などが造成され整備された。東興公園は九七年に完成したが、本間の句碑は工事中にどこかから掘り出され、公園の一隅に無造作に置かれたと推測されている。

その後、二〇〇九年には市政府が石碑を撤去する計画を発表した。だが郷土史ブームのせいもあって、撤去反対や、歴史的記念物として残すべきだとの声があがった。というのも調べていくうちに本間雅晴のさまざまな足跡が明らかになったからだ。彼は台湾では知らない人はいないほど広くうたわれた歌を残している。

本間は詩歌や絵画を愛し、センチメンタルな一面があったという。少年時代には文学に傾倒し、その後軍人への道を歩み始めてからもその片鱗を見せた。新発田《しばた》連隊に入隊した青年の本間は、旗手をつとめる一方で連隊歌の作詞もした。その後も本間は多くの詩歌を残している。日本ではほとんど知る人もいないが、台湾ではしょっちゅううたわれた軍歌「台湾軍の歌」というのがある。これが本間雅晴の作詞だという。

太平洋の空遠く　輝く南十字星
黒潮しぶく　椰子の島

荒波吼《ほ》ゆる赤道を　にらみて起てる南の
護《まもり》は吾等台湾軍
嗚呼《ああ》厳として台湾軍

この「台湾軍の歌」を聴けば、私が思い出すのは李香蘭の歌声だ。彼女は映画『サヨンの鐘』（一九四三年　満映・台湾総督府・松竹合作）のなかで、この歌を自慢のソプラノで熱唱している。

この映画は、当時「高砂族」と呼ばれていた少数民族の人々を、総督府がいかに見事に日本に同化させて立派な帝国臣民にしたかを宣伝したものだ。このなかで李香蘭が演じているのは高砂族の少女サヨンだ。高砂族の青年たちが高砂義勇隊に入隊する祝いのシーンがある。たいまつを掲げて踊る人々をバックに、李香蘭は「台湾軍の歌」を朗々とうたいあげる。「お国のために命を投げ出せ」と鼓舞しているのだ。映画のなかでは日本人俳優が演じている高砂族の青年たちは、我先にとこぞって義勇隊に入隊を望んだという描写になっている。しかし実際には高砂義勇隊は南方の危険な激戦地に送られ、多くの死傷者を出し、しかも日本からはなんの補償も受けられないままだ。いまもし李香蘭こと山口淑子が『サヨンの鐘』を見たら、いったい何を思うだろう。

本間雅晴も李香蘭も、胸にたぎるロマンをこうした歌詞に仮託して表すしかなかった時代の人々だった。違う時代であれば、彼らはべつの形で熱い思いをほとばしらせただろうか。

アロンは、やはり少年時代から青年時代にかけて受けた中華民国の愛国教育の影響ではないかと思われるが、本間雅晴に同情的で讃美したがるフシがある。一方で私は台南を引き揚げたあと信州で育ったのだが、戦後間もない時期に戦前の教育を反省した教師たちによって反戦教育をたたき込まれた。生真面目さゆえに急速に軍国教育に傾斜した信州の教師たちは、戦後はその反省のもとにひときわ熱心に反戦教育・民主教育に取り組んだ。そのせいもあるのだろうが、私はといえば辞世の句のなかにさえ「皇国」への熱い思いを詠み込んだ本間雅晴に、べつに何の感慨も湧かない。

あの転がっていた句碑を私と夫に見せてくれた日、アロンは私たちを自分の部屋に招いて、パソコンを開いた。台南周辺のあちこちの写真がモニターに出てきた。廟の祭りのようすを示す動画もあった。そのとき演奏される南管と呼ばれる伝統的な音楽も聴こえてきた。いま思えば、アロンはDOSバージョンのマルチメディアを見せてくれたのだ。たぶんそういう説明もしてくれたのだろうが、私には理解できなかったと見えあまり記憶にない。ただ台南の風物がさまざまに登場するので夢中で画面に見入った。だが私の夫は、私のように台南に思い入れがあるわけではない。だからたちまち椅子の上で居眠りをはじめた。ムリもないのだ。暑いなかをほぼ一日動き回ったのだから。

夫の居眠りを尻目に、アロンのお喋りとつぎつぎに繰り出される映像や音楽はとどまるところを知らなかった。あのとき、私はただ映像を眺め、音楽を聴いて台南の雰囲気に浸っていただけだ。けれどいまになってやっと分かるのだが、アロンには大きい構想があった。

アロンは、自分のプログラム「ＴＩＴＥＳマルチメディア管理システム」を使って、一八九五年から一九九五年までの台湾社会の出来事、それに動植物や社会的な行事にいたるまでを記録しようとしていたのだ。つまり「マルチメディア台湾エンサイクロペディア」だ。無限に続く大仕事だ。だがそのころは息子がアロンを手伝うようになっていた。永遠に続くのは承知のうえさ、とアロンは言い、資料収集、文章の編集、画像や音楽や映像の処理など一歩ずつ進めていった。実際にいま私の手元には、これらのアロンの労作がいくつかある。台南出身の音楽家の業績をまとめた『林栄徳芸術専輯』、そして台南の伝統や風物を集めた『台湾映象系列』だ。パソコンがＤＯＳからウィンドウズに移行する時期に手がけられたこの作品は、何回もバージョンアップされたのだろう。私はいまアロンから贈られた最新版を自分のＶｉｓｔａで使用している。

これらを見ていて、ふと思う。新しいソフトが開発されたり、パソコンの機種が新しくなったらこういう作品はどうなるのだろう。だがこれはあらゆる分野で起きている変化でもある。映画作品がビデオテープからＤＶＤへと切り替えられた時点で、ＤＶＤにするだけの商業価値が見込まれない作品は消え去った。ＣＤの普及にともなって、数え切れないＬＰが消え去った。なかには惜しい秀作がたくさんある。

アスキーコード

台湾語は学ぶには難しい言葉だ、とアロンは言う。私もほんとうにそう思う。台湾語を使う人が増えて国際性を持ったりしたら、もっと語法が単純化され、私にも習いやすくなるのではないか。

アロンには言わないが、私は心の底でそう願っている。たとえば英語だって、英語が母語でない人たちが使わざるを得なくなってからは、ずいぶんと単純化されたといわれているのだから。

とはいえ私も四苦八苦しつつ台湾語に取り組まざるを得なかった。なぜなら私が台湾映画を日本に紹介する仕事をはじめたころは、映画のなかで台湾語が使われるようになった時期と重なっている。しかも台湾語が使えるようになったことが、台湾映画が精彩を放ちはじめた大きな理由でもある。日本語の字幕を製作する場合は、台湾語の聞き取りはもちろん欠かせない作業のひとつだった。

実は台湾では戦後間もない一時期に、台湾語映画が大ブームを巻き起こしたことがあった。小さい田舎町にまで大型映画館ができ、朝から夜まで観客が溢れていたという。プリントの調達が間に合わなくて、一本の作品を二館かけもちで上映したりした。つまり三十五ミリの映画一本は、十数巻のリールに分けられていて、一巻の上映時間が約十分だ。だから一巻の上映が終わるとすぐにプリントを巻き返してオートバイでべつの映画館に運び、十分とか二十分の時間差で二館が同じプリントを使って上映したというのだ。ところが六〇年代から七〇年代にかけて、国民党独裁政治がそれなりに安定し、また戦後はじまった北京語の国語教育によって、北京語を話す世代がある程度育ってきたころ、国民党政府は台湾語に対する規制を強めた。映画のセリフは七〇年代には北京語一辺倒になってしまった。

しかし八〇年前後になると台湾の映画産業は不振におちいった。アジア太平洋映画祭などでも受賞作を出せないような状態になった。台湾の映画製作を統括していたのは国民党営の映画会社・中央電影公司だったから、彼らはメンツにかけて台湾の映画を盛り返さなければならなかった。そこで不振を打開するために打ち出された施策が、台湾語の使用を一定程度容認すること、そして新人や若手の監督に製作の場を与えることだった。

まさにそうした施策に乗って、台湾ニューシネマの幕開けとしてつくられたのが前述したように『坊やの人形』（八三年）だ。この作品がまだ企画段階のとき、私は中央電影公司を訪れて、当時企画部員だった呉念真《ウーニエンチェン》からおもしろい話を聞いた。呉念真は三十歳を過ぎたばかりの小説家志望の青年で、映画界に新風を吹き込むために中央電影公司が抜擢した若手人材のひとりだった。そして呉念真はニューシネマ胎動の中心にいた数少ない本省人だった。いま思えば、彼こそが台湾ニューシネマの功労者といえるかも知れない。

呉念真の話によれば、中央電影公司は台湾語使用を容認する方針を出したものの、ケチな条件をつけた。台湾語のセリフが全体の半分を超えてはならない、というのだ。半分というのが、いかにも役人らしい発想だ。しかし呉念真らはそれを逆手に取った。中央電影公司は国民党営だから幹部は皆役人で、映画には素人だ。だから彼らを手玉に取ることは容易だった。そこで彼らを納得させつつ、実を取ることにしたというのだ。というのもこのころの台湾には、台湾語映画の佳作を生み出せる素地がすでにできていた。

五、六〇年代に実は台湾語映画ブームがあったが、それは大衆娯楽映画の渦だった。抑圧されてきた台湾語が統制のすきまをくぐってはじけたのだ。それに比して八〇年代になったこのときには、映画化したくなるような台湾の文学作品が育っていた。戦後台湾では国語が標準中国語に切り替えられたため、作家として活躍できるのは外省人が多かった。だが彼らの作品の舞台や作品世界は台湾人にとっては現実感が薄かった。七〇年代に入ると次第に黄春明《ホワンチュンミン》のような台湾で生まれ育った本省人作家が頭角を現した。彼らは標準中国語を習得して小説を発表するまでになり、社会の片隅に暮らす人々に暖かいまなざしを向け、ときには台湾語の語彙を取り込んで台湾人の現実を描こうとした。

呉念真は黄春明の短篇小説三篇をえらび、自ら脚本を手がけた。私が会ったとき呉念真は、こんな話もしていた。台湾映画の弱点は作品の構成がいいかげんなことだ。だから文学作品の映画化に力を入れて、物語の構成の仕方を映画作家たちにも学ばせたい、と。そしてできあがったのが『坊やの人形』というオムニバス作品だ。「坊やの人形」「小琪《シャナチ》の帽子」「りんごの味」の三部からなっている。物語の舞台や登場人物を勘案して、現実に照らしても不自然ではないように台湾語と北京語のセリフを配した。三部合わせるとセリフは台湾語と北京語がほぼ半々になったから、台湾語のセリフは半分を超えないこと、という役所側の条件はクリアした。しかも第一部「坊やの人形」はすべて台湾語のセリフだったから、十数年ぶりの台湾語映画を世に送り出すことにも成功したことになる。

日本では私の手で『坊やの人形』を公開したが、この出来事はいまなお鮮烈な印象を残している。のちに知ったことだが、あれは戦前戦後を通じて日本で最初の台湾映画の劇場公開だった。当時知名度ゼロに等しい台湾映画の上映を受け入れてくれたのは、東京・下北沢の小劇場、客席数わずか九十五の鈴なり壱番館だった。詰めかけた観客のなかには、国民党政府のブラックリストに載っているために、台湾に帰れない台湾人が少なからずいた。懐かしい台湾語や台湾の風景に、声をあげて泣く姿もあった。台湾の歴史や台湾語についての著作でしか知らなかった王育徳先生から、感想をしたためた長文の手紙を頂いたのも心温まる思い出だ。

いやここで言いたいのは、台湾映画の台本のことだ。私は映画を上映する場合は字幕製作も手がけてきたから、たくさんの台本を読んでいる。『坊やの人形』以降、映画のなかで台湾語がよく使われるようになった。あの有名な『悲情城市』も、時代背景のせいで大方のセリフが台湾語だ。けれども台湾語は書き方が完成されていない。だから台本は全部中国語で書かれていて、台湾語で話されるセリフはその頭に（台語）と書かれている。台湾語にはどうしても漢字では表記できない言葉もあるので、その部分は注音字母と呼ばれる中国語の発音記号で書かれている場合もある。

アロンが意外にも『坊やの人形』を見ていなかったことはすでに述べた。それを知って私は、手持ちのＤＶＤを彼に送って見るように勧めたが、彼はなぜか大して興味を示さなかった。台湾ニューシネマが、結局は外省人が中心となって進めたムーヴメントにすぎず、彼らが台湾映画を牛耳るためのワンステップになったといえなくもないことが、いまだに不愉快なのかも知れない。だが詳しい理由は、またいつかじっくりと話してみないとよく分からない。

ではアロンは、黄春明が小説に台湾語を取り入れようとしていることについてはどう考えるのか、と尋ねてみた。文学好きの彼が、黄春明作品を読んでいないはずはない。

アロンは言いにくそうに、「ぼくはああいうのをあまり読まないんだ」と言った。「ただ黄春明を尊敬はしているけどね」と。

あまり読まない理由は、つぎのようなことだ。中国語のなかに台湾語を混ぜるというのは、違う言葉をごちゃ混ぜにしているようで違和感がある。地の文を中国語で、会話には台湾語を取り入れて、などというやり方ではとてもすらすらとは読み進めない。けれど漢字を使って中国語で書こうとしたら、どうしてもああなってしまう。台湾の作家の悲劇とさえ言いたいくらいだ。しかも台湾語には漢字で書き表せない言葉がたくさんあるから、あちこちで立ち止まらざるを得ない。

アロンは、その違和感をなくそうとしている。台湾語研究者ならば皆がそうだと思う、とアロンは言う。アロンが目指すのは、会話だけなどというのでなく、すべてを台湾語で書き表すことだ。アロンはいまでは、自分で改良を重ね完成させた台湾語のローマ字表記法を使っている。すでに完全に使いこなせるから、タイピングするのも英語よりも早いという。

台湾語のローマ字表記法は、現在も数種類が使われている。歴史も長く使用者も多いのが、教会ローマ字と呼ばれるＰＯＪだ。ＰＯＪを改良したといわれるＴＬＰＡは、学者たちに比較的支持されている。ほかにも小学校の教師たちによく使われる「通用」というのもある。それに「現代台湾語読み書き法」といわれるMLTもある。さらに二〇〇六年になって政府は、全部の長所を合わせ、公認のローマ字表記としてTRO（台湾ローマ字）をつくった。何種類もあるローマ字表記を統一するためだった。

アロンは台湾語の研究をはじめたころは、台湾語をローマ字で表記すること自体に抵抗があった。POJを研究して使いこなせるようになってからも、まだ台湾語を進んでローマ字表記しようという気にはなれずにいた。しかし台湾語のプログラムをつくろうとする以上、ローマ字表記を本気で考えなければならない。

その気持ちのうえでのバリアを突破する思いがけない出来事があった。アメリカのミズーリ大学に留学したときのことだ。

授業のなかで、同級生に向かって台湾の文化について話すことになった。アロンは、子供のころよく使っていた手漉きの紙について話した。いまのようにティッシュが手軽に使える状況ではなかったから、人々は手漉きの紙を大切に使った。とくに女性には必需品だった。竹でつくった、黄色くて厚く柔らかい紙だ。人々はそれを土紙（トウズア）と呼んでいた。昔ながらのその土地の人々に親しまれてきた紙、というようなニュアンスだろうか。

英語でその話をしていて、土紙をどう言い表したらよいか一瞬迷ったのだが、台湾語の呼び名をそのまま口にした。あの紙は、それしか言い表しようがない、といった気持ちだった。すると同級生たちは耳慣れない新しい言葉に関心を示して、「もう一度言ってみて」「どう書くの？」などと言い出した。

アロンはそれまで、自分がアルファベットで台湾語を書くなど考えたことがなかったから、首をひねりつつ自分の発音を文字に置き換え、ＴＯＲＤＲＡとつづった。

それがきっかけで、台湾語を使ったコンピューターシステムのデザインの構想が一気に現実味を帯びはじめた。アメリカにいるあいだにずっと頭にあったのは、コンピューターに何か役立つことをさせたい、ということだった。自分の台湾語の発音をうまくローマ字表記する法則が見つかれば、それをタイプしてコンピューターに発音させることもできるはずだ。


台湾語のプログラムの第一の関門は、コンピューターシステムに適した効率的な表記法をつくることだ。

たとえば最も普及した表記法ＰＯＪでも、コンピューターで使うのは難しい。なぜならＰＯＪでは声調を表す記号をアルファベットの上につける。また鼻音化母音を表すのにアルファベットのうえに小さいｎをつける場合もある。これらはタイプするだけでも大変だから、独自にアプリケーションプログラムをデザインしなければならなくなる。

いまではコンピューターの容量は飛躍的に増えた。さらにＰＯＪのフォントは一部の人の熱心な働きかけのおかげで、ユニコード（世界のあらゆる文字を表現できるコンピューター用文字コードの体系）にもくわえられた。それでも、やはりアスキーコード（米国規格協会によって定められた、コンピューターの情報交換用の標準コード）でなければ、トラブルは起きがちだ。つまりアルファベットや数字のみで表記するやり方が、やはり最も効率的なのだ。そのためＰＯＪも、コンピューターで使う場合は声調記号を数字に置き換える方法が採用されることが多い。

コンピューターで標準とされるアスキーコードはアメリカでつくられた。自分たちがつくったものを世界のスタンダードにしたのだから、アメリカ人には都合がよい。アメリカのソフトウエアが莫大な金を儲けられるのもアスキーコードのせいだ。

そこへいけば日本は不利だ、とアロンは自分の不利はさておき日本の私たちに同情する。日本はテレビもコンピューターもほかのＩＴ製品もアメリカに売ることができる。それなのにソフトウエアは売れない。アスキーコードではうまく表現できない文字だからだ。

アメリカ人は文字を書くのに、１文字で１バイトしか使わない。ところが私たちは漢字などがあるから、２バイトか３バイト使う。そのうえその記号や文字のあいだに衝突が起きる。

「そこが、ぼくらがコンピューターを使うときの最大の難関だ。それを克服するには、自分たちのコンピューターをつくるしかないよ」とアロンは言う。

中国大陸には十三億の人がいるが、いまのところはコンピューターのマーケットとしてはアメリカよりも格段に小さい。けれども中国ではいま、自分たちのコンピューターをつくる試みが始まっている。アスキーコードをベースにしたものではないコンピューターだ。中国人は自分のためのコンピューターをつくれるはずだ。そうアロンは力説する。アロンはゴリゴリの反中国ではない。

いまではアロンは、アスキーコードを使って、自分で考案したものも含めて数種類のローマ字表記を使いこなし、プログラムをつくり続けている。

六　文字から音へ　音から文字へ

私たちは台湾人になった

ホテルからアロンに電話をした。待ち合わせ場所を決めるためだ。アロンはちょっと考えてから、「きみのお父さんの病院の前にしよう」と言った。

私の心は一瞬波立つ。まるで私がずっと台南で暮らしていたみたいな言い方を、アロンがしたからだ。けれどアロンは、私がすぐに分かって簡単に行ける数少ない場所のなかから、地理的に都合のいい地点を選んだだけなのだ。

「分かった。じゃ三時に」と言って、私は電話を切った。

父がかつて勤務していた台南陸軍病院跡地に、数年前に私の娘を連れて行ったことがある。私たち母娘は性格が似ているせいだろうか、行動をともにするのが苦手だ。いい関係を保つには距離を置くしかないということを、娘の幼いころから思い知らされている。だからこそ私は、いつかチャンスをつかまえて娘に私の生まれ故郷を見せておきたいと思っていた。あるとき偶然に、私と娘がべつべつの仕事で同じ時期に台湾に行くことになった。いまを逃したら娘に台南を案内する機会はないかも知れない。そう思って私は娘を台南に誘った。そして娘と二人で、旧台南陸軍病院の閉まったままの門扉の前に立った。隙間からのぞくと、榕樹の大木が何本も生い茂る向こうに、いまは使われていない古びたレンガ造りの病棟が点在していた。

祖父が働いていた場所になど関心がなさそうな娘の気を惹こうとして、私は門扉の隙間を押しひろげてなかに足を踏み入れた。前庭を横切って廃墟となっている建物の外廊下に上がって、ガラス窓から室内をすかし見た。すると驚いたことに、そこにはまるでつい最近まで人が働いていたかのように、椅子や机や器具類が置かれていた。ドアの上には「診察室」「検査室」「第一内科」などの札まで下がったままだ。なんだか父が働いている姿まで浮かんできそうで、私は気持ちを高ぶらせて廊下を先へと進んだ。父は結核が専門だったので、送り込まれて来る患者が結核かどうかを認定して搬送先を決める仕事を日々していたという。軍隊内にも結核患者は多く、感染を抑えるのは急務だったから父は重用された。おかげで戦地へは行かずにすんだ、と父はつぶやいたことがある。父の長兄は外科医だったが、沖縄の野戦病院で戦死した。

父の思い出にふけりながら歩を進めていると、突然目の前に人影が現れた。鋭い目つきの警備員が行く手をさえぎっていた。身分証を見せろと言われたが、運悪く私はパスポートを携帯していなかった。私たちは無断侵入してしまったのだ。もし放免してもらいたいなら、誰か保証人となって

旧台南陸軍病院

くれる人に出頭してもらい、身柄を引き取ってもらえと警備員は言った。あのときも私は、申し訳ないと思いつつアロンに助けを求めた。アロンは自転車で駆けつけて、私たちの代わりに謝罪してくれた。警備員はしばらく私と娘とアロンを厳しい目つきで交互に見ていたが、「見なかったことにする」と言って詰め所に引っ込んでくれた。

けれどずっとのちに知ったことだが、旧台南陸軍病院は戦後は長いあいだ中華民国の陸軍第804総医院として使われていたという。だから私の感傷は勘違いによるものだった。私が見た室内のようすは父が勤務していたころのものではなく、中華民国陸軍病院の時代のものなのだ。父の時代のものなどそうそう残っているはずがないことぐらい、ちょっと考えれば気づいたはずなのだが。

あの日ホテルから電話して旧台南陸軍病院前で待ち

合わせることに決めたのは、アロンの母親に会うためだった。あのころ私は李香蘭の台湾での足跡を調べていた。するとそれをアロンから伝え聞いた母親は、「田村さんにあげて」と言って小さいブロマイドをくれたそうだ。それは彼女が少女時代から大切にしていたものだ。

アロンから手渡されたのは、五センチ角にも満たない小さいセピア色の写真だった。チャイナドレス姿の李香蘭が、船員帽をかぶった長谷川一夫と並んでいる。あの大ヒットした映画『支那の夜』の一シーンだ。片隅には主題歌の「蘇州夜曲」の歌詞が、妙にくずした字で二行ほど刷り込まれている。

アロンに引き合わされた彼の母親は、きれいな花柄のブラウスに黒いズボンで、白髪まじりの髪をうなじで小さい髷にまとめた上品な人だった。彼女は幼いときから他家の手伝いなどして働き、十歳でやっと学校に入ったが、夜間クラスに四年かよっただけだ。仕事に追われる日々のなかで、なんとか専門技術を身につけようと努力して洋裁をおぼえた。戦後もその技術で夫とともに家族を支えてきた。

『支那の夜』がヒットしたのは一九四〇年、彼女が十三歳のときだ。入場料は通常よりずいぶん高かったが、彼女の母親が李香蘭の熱烈なファンだったので、連れて行ってくれたのだという。

「あなたのお母さんは、李香蘭のどんなところが好きだったのでしょう」と訊くと、アロンの母親は、

「私たちと同じ中国人でしたから」と言った。

台湾での李香蘭の人気は、独特のねじれを感じさせる。台湾ではもともとは上海でつくられた中国映画が圧倒的な人気を博していたが、日中戦争が始まると台湾総督府は中国映画を上映禁止にした。そこへ登場したのが「日本がつくりあげた中国人」李香蘭だった。

台湾に住む日本人は、李香蘭にむしろ冷淡だったといわれる。彼らは概して植民地の気風に染まり、内地の日本人にくらべ、台湾人や中国人に対する差別意識が強かったせいだ。

その一方で台湾人のあいだでは李香蘭の人気は熱狂的だった。東京の日劇で、あの有名な劇場を「七回り半」も取り巻いたファンの狂騒事件が起きるより前に、李香蘭は台湾人から熱狂的な歓迎を受けている。「私たちと同じ境遇の中国人」として、だ。李香蘭も中国人なのに日本の映画に出演させられ、日本語を喋らされている。しかも彼女の日本語は、私たちとは比べものにならないほど上手だ。そんなふうに多くの台湾人が考えていた。

「では、李香蘭が日本人だと分かったとき、どう思いましたか」とアロンの母親に尋ねてみた。

「私たちはその話は何も聞いていないのです」と彼女はおだやかな目で私を見つめて言った。「戦争が終わると、私たちは『日本人』からまた『中国人』に戻されました。それでいまは私たちは『台湾人』なのです。李香蘭が何人《なにじん》になったのかは、私たちは知りません」とアロンの母親は答えた。

終戦前の数年間、アロンの母親は日本人が経営する既製服メーカーで、型紙を起こすパターナーとして働いた。彼女の技術を高く評価した上司は、彼女にいくつかの特権を与えたという。ひとつは、ビル内のエレベーターに、ほかに待っている人がいるときでも優先的に乗れるというものだ。もうひとつは、技術指導にあたっていた社長の息子の裁ちバサミを、自由に使ってもいいというものだった。

だが彼女はいまはもう、日本語はほとんど話せない。アロンはいつものように、母親が話す台湾語の、自分たちはもう使わなくなった表現をメモしている。母の言葉はきれいだ、とアロンは言う。このときも母親はこんな言い回しをした。子供のとき川で洗濯をすると、そのころは水が澄んでいて魚もたくさんいたから、流れで布をすすぐたびに「魚が指先にキスをしたものよ」と。

このときアロンは、静かに通訳をしてくれていただけのように見えた。だがもしかすると、メモなど取りつつまた自分の台湾語のプログラムのことなど考えていたのかも知れない。アロンがいまも日々工夫を重ねているプログラムが完成すれば、思わぬことが実現する。それはスピーチ・レコグニションだ。アロンの母親が古風な美しい言葉を交えてコンピューターの前で話したら、その言葉がそのまま文字に変換され表示されるのだ。

だが私はといえば、アロンの母親と話しながら、彼女の頭のどこかに日本語は残っていないだろうか、と考えていた。彼女が学校では音楽が好きだったと話したとき、ふと思いついて「海ゆかば」を口ずさんでみた。太平洋戦争中は軍歌としてさかんにうたわれたというこの歌は、短音階の難しいメロディだ。だが台湾ではことのほか熱心に、この歌を子供たちにまで教え込んだそうだ。私がこの歌をおぼえたのは、李香蘭主演の映画『サヨンの鐘』を何回も見たからだ。当時高砂族と呼ばれた少数民族の青年たちが高砂義勇隊にくわわって出征したあと、高砂族の少女サヨンに扮した李香蘭は山の畑地に働きに出る村人を眺めている。そして「皆お国のために頑張っているのね」と言い、「海ゆかば」を朗々とうたうのだ。

海ゆかば　水浸く屍
山ゆかば　草むす屍……

アロンの母親は、私がうたい出すとすぐに一緒にうたった。小学校時代を思わせるような真面目な顔つきで背筋をしゃきっと伸ばし、まっすぐ前を向いてうたった。上品な色合いの花柄のブラウスは彼女の手製なのだろう。薄化粧のきれいな顔立ちの彼女は、歌詞も旋律も見事に正確に、やわらかい美声で最後までうたい通した。

翌日、なんの用件だったかまたアロンに会った。

「昨日はありがとう」と言われて、思わず「なぜ?」と聞き返した。通訳までしてもらい、お世話になったのは私のほうだ。

「母の歌声を久しぶりに聴いたよ。キミのおかげだ」とアロンは言った。母親が少女時代におぼえた日本語の歌は、もう長いこと身辺から消え去ったままだ。私は気づかなかったが、アロンは昨日ちょうどうまい具合にテープレコーダーを回していたという。だから若いとき以来の母の歌声を録音できた、と嬉しそうだ。

あれは軍歌だとは、私は言わなかった。アロンの喜びに水を差すような気がしたからだ。だが実際あの歌は、歌詞は万葉集の大伴家持の歌だというし、メロディも軍歌には珍しくもの悲しい感じだ。そして私は実はあの歌が好きで、よくうたう。作曲した信時潔《のぶときkiよし》は、ドイツに留学して西洋のメロディを日本に持ち込んだといわれるが、いささか感傷的なメロディが胸を打つ。北原白秋の詩にやはり信時が曲をつけた「帰去来」というのも、私の好きな歌のひとつだ。

このときアロンは、前日話題になったハサミの話を持ち出した。母は上司の裁ちバサミを記念にもらい、以後それを何回も研ぎに出して、いまでも大切に使っている。その贈り主の名前を、もう一度言ってみてくれないかとアロンは言う。

「ツトムだと思うけど。お母さんはツトモと言っていらしたけど」

アロンは微笑んだ。これで日本語のシラブル（音節）で台湾語にないものがまたみつかった。これで十八個だ、という。最後の「ム」はアロンにも母親にも発音しにくい音らしい。アロンは私に発音させて、すぐに音声ファイルにするのに必要な事柄をメモする。

台湾語にないシラブルのファイルをアロンの辞書につけ加えれば、日本語も発音できるようになる。ただし、もともと日本語だった言葉が外来語として台湾語のなかに定着した場合は、何も日本語ふうに発音する必要はない。台湾人のクセどおりに発音すればよいわけだが、とアロンは言う。私もそれはそう思う。だからアロンが元日本語であった台湾語をヘンな発音で言っても指摘はしない。もし指摘したら、なぜヘンな発音になってしまうかを、またまた一時間以上にわたって聞かされるからでもあるが。

テキスト・トゥ・スピーチ

アロンの辞書は、表紙が水牛の写真だ。写真の上でクリックすると、アロンの声がする。

「チャンシウダンチレ（ちょっとお待ち下さい）」

するとメインの画面になる。

「台語語音筆記本 Taiwanese Speech Notepad（台湾語音声ノート）」というタイトルの下には、アイコンが十以上並んでいる。その下には五つのウィンドウがある。単語や文章が、台湾語、中国語、英語のあいだで即時に翻訳される。そのうえスピーカーのアイコンをクリックして、台湾語の単語をポイントすると、音が出てくる。文章もハイライトしてスピーカーをクリックすれば、発音される。これがテキスト・トゥ・スピーチ、つまり文字を音声に変換する機能だ。いまはアロンが自分で吹き込んだ声が出てくる。今後は女性の声や子供の声を追加して、ユーザーが真似しやすい音を選べるように改善する予定だそうだ。それにしてもこの機能は、どうやらひどく複雑なものだ。

文章をフレーズ（句）、単語、シラブルと分解していき、それに合う音のファイルを探し出して組み合わせて瞬時に音が出てくるのだ。

アロンは二〇〇〇年にテキスト・トゥ・スピーチのプログラムに取りかかった。構想をノートにまとめて、基本的なプログラムは一カ月ぐらいでできたという。けれども大変なのはそのあとだ。人間の声を使って自然な音声を出したい。けれど音声を録音するのはとても時間を食う仕事なので、他人には頼めない。だから自分でやることにした。とはいえ人間の声は年々変化するから一定期間内に終わらせなければならない。

そこでアロンは、なるべく騒音のない静かな時間をねらって自分でシラブルを吹き込んだ。モノシラブルが約三千、マルチシラブルが約五万だ。アロンは一時間に約百個の吹き込みをするそうだが、吹き込んだあとも音量を同一レベルにしたり、ノイズを除去したり、ファイルにナンバーをつけて整理したりと作業は膨大だ。

しかし、この人間の声をもとにしてテキスト・トゥ・スピーチをつくりあげていくことこそが、大企業などには真似のできない方法なのだろう。ちょうど宇宙ロケットやエアバスをつくるときも、重要な小さいパーツを零細企業に外注して高い技術力で手作りしてもらったりするように。

アロンの息子は、父親が吹き込みをしているときは大変なんだ、とそのようすを実演してくれたことがある。カタとも音を立てないように足音を忍ばせてそうっと歩くのだと、彼は長い手足をゆらゆらさせながらあたりを歩いて見せた。

アロンの妻は、日本人の私の基準から見るとずいぶんと騒がしい人だ。物を置くときにガチャンと音を立てたり、書類を揃えるときも大げさにバタバタとやる。台湾ではそう珍しくない振る舞いかも知れないが、かといってアロンや息子はそういうことはしないから、クセというのはおもしろい。けれどその妻さえも、アロンが録音中はカタとも音を立てないという。

二〇〇三年の秋、私は北京にいた。ちょっとのぞいて見た市場でたまたまコオロギを入れる小さい瓢箪型の入れ物を見つけ、手の込んだ木彫り模様に惹かれてそれを買った。コオロギを闘わせる闘蟋蟀《トウシーシュワイ》というのは北京では古くからの遊びだというが、そのためのこまごました道具をたくさん売っていた。エサを入れる小さい容器、闘いのためのリンク、コオロギを叱咤する羽根のムチなどだ。それがとてもおもしろかったのでアロンにメールで知らせると、アロンからすぐに返事が来た。なんと台湾でも、コオロギを闘わせる遊びは男の子たちを夢中にさせたものだという。

ぼくらが子供のころは闘蟋蟀はとても楽しい遊びだった。コオロギにエサをやり、競技場をつくり、戦い方を教えた。放課後や昼休みなんかには熱中したものだ。あの楽しさは同世代でも女の子は知らないし、ぼくより若い世代も知らない。キミが運よくほんとうの闘蟋蟀を見られるといいと思うよ。もし見たら、ようすを知らせてくれ。

アロンはそれに続けて、そのころ取り組んでいた吹き込み作業のことを書いていた。

ところでぼくは今朝は三時十分に目が覚めてしまった。とても静かだったから小さいマイクロフォンでシラブルの録音をはじめて、六時までやった。ぼくは台湾語のテキスト・トゥ・スピーチのプログラムに二〇〇〇年から取りかかっている。毎日毎晩椅子に座って、自分のアイディアをコードに換えてプログラムを書き、何百万回もキーを叩いて辞書をつくりあげようとしている。何年もこんなことをしていると、つくづく疲れを感じるときがある。ひと休みしないともう一歩も先へは進めない気分になる。

ところがそんなときに限って誰かから電話が来る。そしてやはりこの仕事を仕上げなければ、と思わせられる。とにかくなんとか仕上げるよ。いままでの歳月を無にしないためにも、そして台湾語を消滅させないためにも。

疲れ切っているかのようなアロンは、最後にこんなことをつけ加える余裕も見せた。

ところで天橋で手品は見たかい？　瑠璃廠の骨董品屋も行ってみるといい。ぼくは行ったことはないけど。

アロンも、いつか行ってみたいと思っているのだろうか。それとも私が北京にいるからというので、インターネットで北京の情報を探してくれたのだろうか。

アロンの辞書は単語を発音するだけでなく、文章を丸ごと発音してくれるところが貴重なのだ。しかもシラブルや単語の音を機械的につなげたギクシャクした読み方ではなく、まるで人間が読み上げるようになめらかに聞こえる。それがアロンの自慢だ。その例として、アロンの辞書には「牛車に乗って（坐牛車）」という詩が掲載されている。アロンが、表紙の牛車の写真にちなんで自分で書いた詩だ。それを聞いたとき、「なぜ素人の詩など使うのだろう、誰か詩人が書いたものにすればよいのに」という考えがチラリと心の隅に浮かんだのは、私がうかつで無知だったからだ。台湾語の現代文は書かれてこなかったのだから、アロンは辞書に載せる例文を書くことまで自分でやらなければならないのだ。

その詩をコンピューターが読み上げる。私はコンピューターから出てくるアロンの声を聞きながら、画面の詩の字面に目をやる。だがアロンには申し訳ないが、私はアロンが自慢する音声のなめらかさとは似ても似つかぬ思いにふけっている。私の父母、母方の祖父母や曾祖父は、台湾に暮らした年月が長い。いちばん短い父でさえ、足かけ八年だ。けれどそういう彼らは、アロンがこの詩に詠んだような感慨を台湾の地に抱いたことがあっただろうか。

アロンに教わったとおりに単語をマウスでポイントすると、音声が出てくるのと同時に、それぞれのウィンドウに詩の漢字表記と単語の中国語訳及び英語訳が出てくる。詩はこんなふうだ。

「ゼグヒャ（坐牛車）」

エポシ　ジンチウチン（下晡時　真秋清）
ジッタオ　ルオスア　ホン　ビービー（日頭落山風微微）
ツァオレイ　グッシュ　ザ　シムビン（草笠牛摔紮身辺）……

画面に表示される漢字表記や単語の中国語訳や英語訳を参考に和訳すれば、こんなふうだ。

「牛車に乗って」

夕暮れて　冷え冷えしてきた
日は山に落ち　風が吹きすぎる
編笠の紐《ひも》を締め　ムチを取ろう

詩は四節続く。

私は台湾語や訳語の文字を目で追い、スピーカーの音に合わせてもう何回も聴いている詩を口ずさむ。するとあっちの部屋でアロンの息子や妻が笑うのが聞こえる。彼らは私の発音のヘンな箇所を笑うのだ。台湾語は難しい言葉だ。
スピーカーの声はどんどん読み進む。だから私も笑い声には構わず朗読を続ける。

町の衆は　心細くなった
空が暗くなるのに　道はまだ遠い
乗せてくれと　頼んでみようか

百姓は　気前がいい
困っているなと　見て取った
切符はいらない　さあ乗りな

老水牛は　働き者だ
夜明けから地を耕し　日暮れれば車を牽く
乗客は感に堪えず　ゆっくり行こうと声をかけた

アロンのコンピューターのまわりには、十数個のハードドライブが並んでいる。台湾語のプログラムのデータ管理に使っているものだそうだ。そのそばには、Ａ４判の紙を綴じた手作りのノートが二十センチもの高さに積み上げてある。アロンは二十年以上も前から日々細かい字で作業記録をつけている。プログラムをどのように構想し、どのように書きはじめ、そして改善してきたか。すべての記録がここにあるという。

私はそっとマウスを置き、そっとパソコンから離れる。アロンの妻がそろそろ日課の散歩に出かけるはずだ。一緒にその辺をひと回りして、私はホテルに戻るとしよう。

フライング・タイガーのパイロット

アロンの家のそばの小さい公園へ、アロンの家族と連れだってよく出かける。まだ造成中で赤土がむき出しだったころに、土まみれで転がっていた本間雅晴の歌碑を見せられたあの公園だ。造成工事から十年足らずだが、さすがに熱帯だけあってすでに木々は鬱蒼と茂り深い木陰をつくっている。

あるときアロンが、遠くにいる人を指してこんなことを言った。

「あの人、九十二歳なんだ。昔のことを聞いてみようか」

アロンは、一見恥ずかしげで気弱そうな風貌だが、思わぬ図々しさも持ち合わせている。公園の一角に外省人がよくたむろしている場所があって、近隣の人たちはあまり近づかないという。だがそのなかのひとりの男性で、よく見かける人に、ちょっと声をかけてみた。すると彼が九十二歳だということが分かったのだという。

アロンも同じようなことを口にしたが、その人はとても九十二歳には見えなかった。スポーツウエアにジョギングシューズのいでたちで、軽い足取りですたすたと歩いている。きっと記憶力も確かだろうと思える。アロンは、日本人の私が誘い水になるかも知れないから、もう少し話を聞き出してみようじゃないかと言うのだ。

近づいて挨拶をしてみると、彼の名前は蔣さんだということが分かった。アロンが私のことを、日本人だが台南が生まれ故郷なのでよく遊びに来るのだと紹介した。すると蔣さんは、私をまじまじと少々無礼とも感じられる視線で見た。日本人が台湾を去ったあとで台湾に渡って来た蔣さんは、日本人に対する感情も台湾人とはだいぶ違うようだ。

「戦後すぐに日本へ行ったことがある。東京は通過しただけだが、目も当てられないような惨状だった。日本人は、ほんとうにかわいそうだった」と蔣さんは言った。

蔣さんは、間近で見ても顔の色つやもよく、動作もきびきびしていて、言葉遣いも歯切れがいい。蘇州の出身で国民党の空軍パイロットだったという。台湾へ来たのは一九四七年、息子を一人連れて家族三人での移住だった。その後台湾で三人の息子が生まれた。だが軍は嫌いだったので間もなく退役して、高校の先生になったという。それもアロンの妻が大学を出たあと数年教師を勤めたのと同じ高校だった。

「何を教えたんですか？」と訊くと、

「国語と英語」という。

戦後間もないころは、新たに国語として導入された標準中国語（いわゆる北京語）を教えることのできる教師が圧倒的に不足していたという。だから蔣さんのようになめらかに標準中国語を話す人には、教職の口も事欠かなかったかも知れない。

「英語を教えたのは、どこか大学で英語を学ばれたのですか」とアロンが訊いた。

「アメリカのパイロットの訓練を受けたから、英語が話せるようになったんだ」と蔣さんは答えた。

ところが詳しく話を聞くと、そこにいたるまでの蔣さんの経歴は意外なものだった。

日中戦争のさいに、アメリカ志願兵による義勇軍が組織されて対日戦に加わったことがある。正式名称はアメリカ合衆国義勇軍（American Volunteer Group, AVG）だが、ニックネームは「飛虎」あるいは「フライング・タイガー」。彼らは対日戦でさまざまな戦果をあげたとされている。

このフライング・タイガーを率いたのがシェンノートという人だ。本名はクレア・リー・シェンノート、中国名は陳納徳《チェンナートゥ》という。日中戦争開戦のころ、蔣介石は軍備の近代化を図るために外国から新型兵器を購入したり、アメリカなどの友好国から軍事顧問を雇い入れたりした。シェンノートはパイロットとして、また訓練教官として活躍してきて、このとき四十八歳のベテランだった。

ちょうど健康上の理由でアメリカ陸軍航空隊大尉を退役しようとしていたとき、彼は蔣介石によって中華民国空軍の航空参謀長として迎えられることになった。

現地を視察していったんアメリカに帰国したシェンノートは、蔣介石から要請を受けたルーズベルト大統領の支援を受けて、アメリカ合衆国義勇軍の設立に動き出す。戦闘機百機、パイロット百名、地上要員二百名を組織することが承認された。だが集められたパイロットの質はシェンノートの理想には遠く、再訓練が必要だった。中国で彼らの訓練を行うさいに、シェンノートは中華民国軍兵士のパイロット訓練にもあたった。

台南の公園で会った蔣さんは、シェンノートが昆明《クンミン》に設立した航空学校で訓練を受けた、と話していたが、それはたぶんこのときのことではないだろうか。

さてフライング・タイガーは、四一年十一月には昆明からイギリスの植民地であったビルマに五、六週間もかけて移動し、イギリス空軍から借り受けたキェダウ航空基地を本拠地とした。パイロットのフライトジャケットには、不時着したときなどに備えて証票が縫いつけられたという。そこには、「中華民国の戦闘を援助するために来た西洋人である。軍民を問わず救助するように」と書かれていた。

このアメリカ人志願兵による義勇軍設立の目的はそもそも、ラングーンと重慶を結ぶ援蔣ルート上空の制空権を確保することだった。一方国民党軍を駆逐するためにタイに基地を置いた日本軍は、盛んに攻撃をしかけた。日本軍との相次ぐ戦闘のなかで、互いがどれほどの戦果を上げたかは諸説があるらしい。とくに航空戦では戦果の確認が難しいから、双方ともに自国の戦果を過大に報告しただろう。この場合も両方の戦果報告を見比べてみると、その差が大きすぎて実際にはどの程度だったかは分からない。

公園で会った蔣さんは、フライング・タイガーが大きい戦果をあげたと何回も強調した。フライング・タイガーの対日戦では、蔣さんは物資輸送などにあたったという。

だがそののち真珠湾攻撃を受けて、アメリカは日本に正式に宣戦布告をしたから、義勇軍を送る必要はなくなった。四二年七月、アメリカ軍からの命令によってフライング・タイガーは解散した。

戦後、フライング・タイガーの元パイロットなど十名ほどが貨物航空会社を設立した。だが同社の業務は通常の貨物輸送にとどまらなかったと言われる。朝鮮戦争ではアメリカ本国から日本や朝鮮半島に多数のチャーター便を運航して、軍隊のための輸送活動にあたっていた。その後も世界各国に展開するアメリカ軍の兵員を輸送するための便も多数運行している。社名はかつての部隊名にあやかった「フライング・タイガース」を名乗った時期もあったが、八九年には大手のフェデラルエクスプレス社に買収されて、この名称は消えてしまった。

戦争が終わると蔣さんは、先に述べたように家族三人で台湾に移住した。朝鮮戦争のころに、アメリカが台湾への軍事援助・経済援助の一環として、朝鮮戦争でも活躍した戦闘機F―84を台湾に与えることになった。そこで東京・立川のアメリカ空軍基地から台湾へF―84を運ぶために台湾人パイロットが必要になり、アメリカでパイロットの訓練が行われた。蔣さんはその訓練を受け、立川から台湾へ戦闘機を持って帰ったという。蔣さんのフライング・タイガーやさらに日本との関わりは戦後まで続いていたことになる。

蔣さんとアロンは、シェンノートやフライング・タイガーやF—84などのことで話が弾んでいた。アロンはたぶん、国民党軍の戦果として歴史の授業などで教えられたのではないだろうか。細かいエピソードなどもよく知っているようすだった。

だが私はほとんど知識のない話題なので、はたで聞いているだけだ。ただそのぶん、べつのことに注意を奪われていた。

アロンは、家族とは台湾語でしか話さない。私がいるときでも彼らは、私のためにわざわざ中国語で話してくれることはない。彼ら家族は全員、中国語を喋るのに何の不自由もないはずだし、アロンも妻も大学を出て教職に就いたことさえあるのだから、台湾人のなかではむしろ中国語が得意な部類のはずなのに、だ。

あるとき、その理由をアロンにまた尋ねてみた。彼は、自分にはあまりに当然な感情をあらためて説明する難しさに困惑しているようすだった。

「中国語には、何の罪もないさ。ぼくは中国語が好きだとも言えるかも知れない。文章は中国語でたくさん書いているしね」

アロンは、よく文章を書く。専門のＩＴ関係の論文ばかりでなく、エッセイなどを書くのも好きなようだ。いささかセンチメンタルで、古典的な言い回しを用いた凝った文章もあるが、なかなかおもしろい。

「だけど、中国語を喋ることについては、嫌な思い出が多い」とアロンは言う。

私はそれを、子供時代の中国語をひと言も知らずに学校に入ったときのことかと思っていた。だがたぶんそれだけではない。

現にこれがそうだ。と私はアロンと蔣さんを交互にみつめながら考えていた。蔣さんと話すときには、アロンもさすがに中国語で話していた。蔣さんは台湾語が話せないだろうし、もし話せたとしても苦手に違いないからだ。

ところが、アロンの話に出てくる「日本」という言葉が、蔣さんに通じないのだ。私が横から「日本」と言い直してあげると通じる。私が中国語を最初に習ったのは、北京生まれ北京育ちの青年からだった。彼は教師の経験もなかったし、日本にも来たばかりだった。それがある意味では幸いした。彼は日本人に苦手な発音も容赦はせずに、彼とまったく同じに発音するようにと生徒たちに厳しく要求した。だから私たちは彼のような中国語を身につけた。標準語よりも舌を深く巻く北京訛りの中国語だ。台湾人は、舌の先を丸める中国語の捲舌《けんぜつ》音が苦手だから、アロンも「日」を舌を丸めずに発音する。すると蔣さんは、いちいち「えっ」という顔をする。しかし、と私は思わずにはいられない。

蒋さんはすでに、台湾で六十年も暮らしているのだ。しかも高校の先生をやっていたというならば、台湾人の発音のクセくらい熟知していてもよさそうなものだ。アロンが「日本」と言ったとき、いちいち「分からない」という顔をするのは意地悪ではないだろうか。自分の発音のほうが標準的だという思い上がりあってこその態度ではないだろうか。

そういえばアロンが、以前にこんなことを言ったことがある。

「ぼくらも、ぼくらの親の世代も、外省人が台湾語ができないからとバカにしたことはない。だがぼくらは、中国語の発音が悪いというだけでバカにされるんだ」

アロンや妻が子供だった戦後間もないころは、中国語ができる教師が足りず、とくに南部では中国語のいい先生が少なかった。幼い子供に初めて中国語を教える先生が、ひどい訛りがあったり、教育経験が不充分だった場合にはその禍《わざわい》は長く残る。アロンや妻は勤勉な性格なのに、そのせいでいまだに中国語の発音に誤りを残したままだという。

すると、妻の英語塾の生徒たちがそれを笑う。言葉をめぐるパワーポリティックスの連鎖はなかなか断ち切れない。アロンが間違った発音をすると、あの優しい息子が聞こえないふりをして無視するそうだ。家族間だけで通じるちょっとしたからかいやユーモアならば罪もないが。

アロンはいまでも、ジュース「果汁」の「果」の音と、犬を意味する「狗」の音が区別できない、と私に打ち明けた。それは絶対先生が悪い、と私は思う。二十歳を過ぎてから中国語を学んだ私でさえ、そんなのは簡単にできる。それなのにアロンは喫茶店でジュースを注文しても通じないことがある。分かっているくせに、分からないふりをするウエイトレスもいる。一九五〇年生まれで完全に戦後世代、しかも高学歴で勤勉なアロンでさえもこうなのだ。台湾にはいまだに中国語に違和感をおぼえたり、不自由を感じたりしている人が、どれほどいることだろう。やはり台湾語で読み書きもできるようにというアロンの考えは、まっとうなのだ。

日本語の日記

あるときアロンを訪ねると、彼は体調を崩していた。緊張すると動悸が激しくなるのだという。それどころか朝起きて顔を洗っているときに、心臓が苦しくてしゃがみ込むことがあるという。医者の診断は「焦慮症」。日本でいう不安神経症だろうか。たぶんプログラミングに熱中しすぎたせいだ、とアロンは言った。仕事は休めと医者にも言われたが、休もうとしてもついプログラミングのことを考えてしまう、といつになく憂鬱そうだ。アロンの妻は「男の更年期じゃないかしら」などと言ってあまり心配そうでもなかったが、私と一緒に外出して気晴らししたらどうかとさかんに勧めた。ひとりだと心配だが二人なら安心だと。

「どこか行きたいとこはないの？　考えてみて。どこかあるでしょ」と彼女に言われて、ふと思いついたのが台南にある私立長栄中学だった。前からアロンを誘って見学に行きたいと思っていたのだ。長栄中学の前身は長老教中学で、日本の植民地時代以前の一八八五年にイギリス人宣教師によって設立された。そのころの建物がいまも残っていて史跡として公開されているという。

私はそのころ台南県新営出身の映画監督・劉吶鷗《リウナーオウ》の足跡を追っていた。彼は一九三〇年代に上海で活躍した。小説を書き映画を撮り、それに映画プロデューサーとしていくつもの業績を残している。ところが彼は一九四〇年九月、三十五歳の若さで暗殺されてしまった。日本軍が上海で展開していた映画工作に従事したために、漢奸（中国を裏切った者）と見なされたせいだ。台湾人であったために中国と日本のはざまに立たされたゆえの悲劇だ。これらのことは拙著『李香蘭の恋人』に詳しく書いた。

その劉吶鷗が公学校（台湾人向けの小学校）を出たあと進学したのが、台南の長老教中学だ。植民地統治下の台湾では、台湾人は中等教育を受ける機会を制限されていた。劉吶鷗の中学入学時には、台湾人子弟が入れるのは台湾南部では長老教中学だけだった。だとするならば劉吶鷗が学んだころの長老教中学では、英語と台湾語と日本語で授業が行われたのではないだろうか。そのへんの資料や教材を見せてもらえたら、アロンの台湾語研究には役立つのではないかと、私は考えていた。

しかしあの日、アロンと一緒に長栄中学を訪ねると、運悪く教師たちは忙しく飛び回っていた。その翌日が運動会だとのことで、古い資料を見せてくれなどと言い出せる雰囲気ではなかった。けれども私にとっては、構内を歩き回って古い建物を見学しただけでも収穫は大きかった。台湾では小学校も中学校も、学校と名のつく建物は堂々と立派なものが多い。長栄中学も正面のビルはひときわ目立つ斬新なデザインだ。正門を入っていくと、数棟の校舎が曲線を大胆に取り入れた美しい造形を見せて並び、そのあいだに長老教中学時代の歳月を経たレンガの建物がひっそりと配置されていた。突き抜けるような南国の青空にレンガの色合いが映えて、すがすがしい風格があった。

劉吶鷗はその後、東京の青山学院中等部に編入するため十代半ばで台湾を離れた。台湾で中学を出ても、さらに進学する際には台湾人はまた不利な扱いを受ける。それで裕福な家庭の子弟は、中学半ばで日本内地の中学に転校する例が少なくなかったという。私は、劉吶鷗の転校先の青山学院中等部も実際に訪れてみたことがある。まだ少年だった彼が、どんな思いでここで生活をはじめたのだろうと考えながら。だが台南の長老教中学の学舎は、東京の真ん中にあって大学まで擁している青山学院中等部の建物と比べても、その規模も風格も勝るとも劣らない感じがした。たぶん劉吶鷗は、はるばる東京へ出てきたからといって物怖じすることなどまるでなく、生来の行動力を発揮したのではないだろうか。


長栄中学からの帰り道、私はお茶を飲まないアロンを誘って私がよく行く茶葉を売る店に行った。この茶屋は、旅行者や観光客などはまず来そうもない静かな商店街にある。店はがらんとしていて、簡素なショーウインドウと事務机、それに電気コンロつきの茶を振る舞うテーブルがあるだけだ。茶葉も二、三種類しか置いていない。

店では、店主がゆったりとお茶を煎れて味見をさせてくれる。一煎目、二煎目と、味や香りや色合いが変化していくのを楽しみながら、どれを買おうかと考える。茶の説明を聞いたり世間話などしているうちに、馴染み客とおぼしき見知らぬ人がいつの間にかテーブルを囲んでいて、一緒にお茶を飲みながら品評していたりする。

ところがこの日、アロンが茶も飲まずにテーブルに加わると、思わぬほど話が弾んだ。同年配の台南育ちが集まったせいだ。

同年配が集まったとなれば、出身校の話が出る。おかしかったのは、日本の高校にあたる台南一中（台南第一高級中学）、台南二中（台南第二高級中学）の両方の出身者が、声をそろえて校長をさかんにあげつらったことだ。李昇という名前の校長が、この二校を歴任しているのだ。

李昇校長は、実は台湾出身の世界的な映画監督アン・リー（李安）の父親だ。父親は一九六四年に十歳のアン・リーら家族を連れて、花蓮から台南へ転勤してきた。台南の学校に転校したときのアン・リーの体験談についてはすでに書いたが、父親の李昇はこのとき台南二中の校長に就任した。そして四年後には転勤して台南一中の校長になった。

アン・リーとは直接関係のないことだが、この店での李昇校長の評判は、まことに芳しくなかった。典型的な「外省人」だった、というのだ。家から学校までごく近い距離だったにもかかわらず、威張りくさってわざわざ人力車で出勤した。反国民党の思想傾向を持つ教師に対しては、左遷したり追放したりと容赦ない措置をとった、と鋭い批判を浴びせる人もいた。外省人ふうだったことに関しては、ふつうに振る舞ってそう見えたなら致し方ないことだ。それで嫌われるというのもまた致し方ないだろう。

その話が一段落すると、一同は新顔のアロンに水を向け、

「何をしているんだ?」と尋ねた。

アロンは、

「コンピューターに台湾語を喋らせる仕事だ」と言った。

「ほう、コンピューターが台湾語を喋るのか? あれはアメリカでできたものだから、英語なら喋ると思っていたがな」

と冗談とも本気ともつかない話が続く。

アロンはしばらくは自分のプログラムのあれこれを話していたが、そのうちに興にのったのか、

「コンピューターは実はバカなんだ」と言い出した。

いやべつに興にのったわけでもない。アロンは時折その種のことを口にする。

「ほうそうか、コンピューターというのは人間十人ぶんぐらいの脳みそがあるのかと思っていたがな」と誰かが合いの手を入れた。


コンピューターはこの間、たしかに長足の進歩を遂げたように見える。けれど実際には、この三十年間ほど基本的な構造はあまり変わっていないのだ、とアロンは話し始めた。進歩したのは容量とスピードだけ、それだけのことだ。

コンピュータはバカだ、と言った理由は、コンピューターは足し算しかできないからだ。基本的なテクニックはADDERというもので、何でもプラスしていく。算数の計算をするときはもちろ

んだが、理論的な決定を下すのも同じやり方で作業を進めることになる。1＋1＝2。マイナスするときは、2－1を、2＋（－1）というふうに計算する。2×4などの掛け算の場合は、2＋2＋2＋2というふうに計算するわけだ。その意味ではコンピューターはあまり利口ではないし、非効率的だ。－×÷などは理解できないから常にＡＤＤＥＲを使う。

「そんなふうなのか。じゃぼくのほうが頭はいいぞ。数学はいつも落第点すれすれだったがな」

とまた誰かが混ぜ返す。

つまり、コンピューターはすべてのプロセスをプラスしていく方式で進めるんだ、とアロンはまるで世間話のような調子で説明する。話すのも、映画を見る、歌を聴く、論理的な分析、すべてが足し算方式で行われる。だからつぎにもしコンピューターを改革して新たな機能を付加するとしたら、この構造を変えるしかないだろう。そのときには、いまは絶対に不可能と思われていることが、できるようになってしまうかも知れない。

「それこそコンピューターの革命だ」

「いやそのときは、コンピューターという名前だって変わるんじゃないか？」

「そうか。どんな名前がふさわしいかな」

初老の男たちが、思い思いに合いの手を入れ、ときには見当はずれの質問をしたり意見を開陳しながら、コンピューター談義で盛り上がるのは、なかなかの見物《みもの》だった。こんなことも、アロンの仕事の弾みや持続には役立っているのではないだろうか。アロンはどこででも誰が相手でも、こんなふうに面倒な話を面倒がらずにお喋りする。

茶店を出て、私はこんどはアロンを図書館に誘った。前から探してみたい資料があったのだ。アロンに最初に会ったときに、アロンは私に記念にと小さい紙をくれた。そこには日本語の短い文章が手書きされていたのだが、その文章について、アロンはこんなふうに説明していた。馬祖島で兵役に就いていたとき、偶然矢内原忠雄の「真理を畏れよ」「自由と責任」と題する文章を読み、それに感激してノートに写し取ったのだ、と。

私はそれがずっと不思議だった。なぜ兵役中に進歩的な反戦主義者だった矢内原忠雄の文章を読むことなどできたのか、と。

矢内原忠雄は東京帝国大学教授だった一九二九年に『帝国主義下の台湾』を著している。これは彼が台湾人の知己などの助けを借りて実地調査を行って書き上げたもので、統治者側に立つことなく植民地の実態を分析していると評価する人が日本には多い。その後矢内原は、平和主義・反軍国主義の論調を強めていき、東京帝国大学教授の職を追放された。戦後も矢内原忠雄の行動はしばしば若者を突き動かした。一九五二年の東大ポポロ事件のさいには矢内原は東大総長の地位にあったが、大学の自治を守るために警察権力に対しても毅然たる態度を崩さなかった。だがその反面でストライキを指揮した学生には厳しい処分をしたともいわれる。しかし結局のところ私たちの世代にとっての矢内原のイメージは、キリスト教信仰に基づく志の高い平和主義者、そして東大総長まで務めた学究の人だ。

　そういう矢内原の文章に、兵役に従事していた台湾の青年が、どのようにして触れたのだろう。アロンが兵役中にずっとつけていた日記帳を見せてもらうと、七四年二月二十五日だけが文面が日本語だ。矢内原忠雄の「歴史の教訓を重んぜよ」という講演録から「自由と責任」そして「真理を畏れよ」を筆写しているのだ。「真理を畏れよ」は中国語訳も書かれていて、全部で日記帳の四頁を占めている。

　兵役というものの実態などまるで分からない私は、アロンにこのあたりの事情を折を見てはしつこく尋ねた。アロンによれば、馬祖島の兵舎にいたときに読むことができるものはごく限られていたという。二週間遅れで船で輸送される国民党発行の新聞「中央日報」、馬祖防衛司令部発行の無料のタブロイド紙「馬祖日報」、そして陸軍発行の新聞「革命軍」だ。

　アロンは私の質問にあれこれと答えつつ記憶をたぐり寄せてくれた。矢内原忠雄の「自由と責任」「真理を畏れよ」は、「馬祖日報」に日本語の原文と中国語の対訳が掲載されていたような気がする、とアロンは言う。

　だが当時のアロンには、矢内原忠雄についての知識は何もなかった。ただ、その格調高い文章に惹きつけられた。たぶん兵舎での単調な生活、軍事訓練や実戦のための配備につく殺伐たる日々のなかで、知識に飢えていたのだろう。兵役中は、「馬祖日報」だけでなく新聞類は読み終えると回収されるのが原則だった。だがアロンはそれを夜まで私物のなかに入れておき、粗末な兵舎のベッ

台湾銀行発行の『日本帝国主義下之台湾』

ドでノートに書き写した。

あえて日本語を苦労して書き写したのは、中国語だと「また国民党政府の宣伝か」と拒否反応があったせいだろうか。それにやはり原文の方が真意を伝えているのだろうと思ったし。いや待てよ、あのころは反日教育がさかんだったから、日本語を書き写すこと自体に反抗の気持ちを込めていたかも知れないな、とさすがのアロンの記憶も模糊としている。

この日行った図書館では、私が期待していた「馬祖日報」のマイクロフィルムはみつからなかった。けれどアロンは、あれが「馬祖日報」に掲載されたことを、私のように意外だとは思っていないと言う。なぜなら、矢内原の『帝国主義下の台湾』は国民党政府によって読むことを推奨されていた書籍のひとつだからだ。

図書館のべつのコーナーに行って図書を検索してみた。実際に『帝国主義下の台湾』は、一九五二年に相次いで二種類の中国語訳が出版されている。周憲文訳・台湾銀行発行のものと陳茂源訳・

台湾省文献委員会発行のものだ。アロンも兵役を終えてしばらくたった八〇年代ごろに、中国語版『帝国主義下の台湾』を読んだ。国民党政府はこの本を、日本帝国主義がいかに台湾人を抑圧したかの証として利用し、反日宣伝に役立てた。植民地支配の実相を示して分析したこの本は、なるほどそういうふうにも利用はできる。

「それに……」とアロンは少し言いにくそうな口ぶりだ。「日本の矢内原を信奉する人には悪いけれど、台湾人に差別的な記述だって、まったくないわけではない」と。同様の意見を、私は日本の事情に詳しい台湾人の学者から聞いたことがある。私はどうやらその部分は見過ごしてしまったようだ。

アロンと私のつきあいは結局こんなところだ。気晴らしするためにアロンと丸一日外出したというのに、結局最後は図書館にこもり資料をはさんであれこれ言い合って終わった。いったいアロンの焦慮症にとってはよかったのか悪かったのか。分からずじまいだ。

七　論争を離れて

スピーチ・レコグニション

つい最近、二〇〇九年の早春のころに私は信州に引っ越した。

生まれ故郷で暮らすのはなかなか実現しそうもない。ならば育った故郷で暮らしてみようかと思ったのだ。すぐ近くまで新幹線が開通し、忙しい仕事でなければ東京への通勤が可能になったことも追い風になった。

信州に行くにあたって、ひとつ悩みのタネがあった。それは東京のマンションのベランダで育てていたタイワンバンショの鉢をどうするかだ。タイワンバンショは実は我が家でしか通用しない名前だ。中国名は台湾欒樹だが、我が家ではこの名前を聞きおぼえてきた夫の訛りがそのまま生かされて、タイワンバンショという呼び名になった。台湾語の名前は苦苓舅《コーリエンクー》というのだそうだが、「台湾」が頭についているほうが私たちには気に入ったのだ。

我が家のタイワンバンショは、もともとは私が台南の公園で種を拾って来て発芽させ、育てたものだ。英語ではフレームゴールド・レイン・ツリー、あるいはゴールデン・レイン・ツリーと呼ばれるそうだが、花の時期にはそれこそ溢れてこぼれるような黄金色の花をつける。種ができるころには紅色の蒴果があざやかだ。

日本では花をつけることは期待できないだろう。それでも私は冬になると鉢を室内に入れ、夏には日当たりのよいベランダに置いて育ててきた。夏になるといかにも南国の植物らしく、どんどんと勢いよく枝葉を伸ばした。植物の手入れが好きな夫はすぐに枝を刈り込むものだから、それをめぐって口論が絶えなかった。

信州の寒さは心配ではあったが、ベランダに置いていくわけにはいかないから、鉢ごと車に乗せて運んだ。大事に運んだはずなのに、タイワンバンショは意気地なしだ。信州に向かう道中で見る見るしおれていき、新居に到着するやいなや幹だけを残して枝葉をすべて落としてしまった。幹だけでも生きているといいがと、祈るような気持ちで室内に置いた。するとこんどは寒冷地の暖房完備の住宅が快適だったのか、タイワンバンショはすくすくと枝葉を伸ばしはじめた。荷物や家具の運搬人たちが、驚いて、

「ケヤキの盆栽ですか? ずいぶん大きいですね」と言うほどだ。実際、ケヤキと形も大きさもよく似た葉がきれいにそろい、とても見栄えがよくなった。

夏が来る前に私たちは、このままだと大きくなりすぎて手に負えなくなるのではと心配しはじめた。

「台南生まれはお調子者だ。外はまだ寒いとも知らず、こんなに伸びてどうするんだ」と夫は、ここぞとばかりに当てつけがましい悪口を言う。それにはべつに腹も立たないけれど、鉢植えのままにはしておけない。万が一枯れてしまうことを覚悟してでも、地面に植えるしか方法はないようだ。

六月ごろだっただろうか。日当たりがいちばんよさそうな場所を選び、タイワンバンショを庭に植え替えた。ところがやはり寒かったらしい。日に日に葉っぱは黄色みを帯びて、ついには枝ごとはらりと地面に落ちる。つぎつぎに落ちて、ついにはふたたび棒クイのような姿になった。せっかく何年も育ててきたのだ。私はアロンにタイワンバンショのようすをメールで問い合わせた。すると、暖かい台南でさえ、冬にはすっかり葉を落とす場合もよくあるという。

気を取り直して見守ると、我が家のタイワンバンショも、夏に向かってまた枝葉を勢いよく伸ばしはじめた。信州の夏はとても短いということを、たぶん知らないのだろう。

そんなある日、アロンからメールが届いた。また新しい実験を繰り返しているようだ。しばらく頓挫していたスピーチ・レコグニションのプログラムで、最近あることを思いつき、試しはじめたという。

スピーチ・レコグニションというのは、人間が喋った音をコンピューターに認識させて、それを文字化するというものだ。数年前から休止状態だったのは、なかなか思うような結果が得られなかったことがひとつ。もうひとつはコーディングしたプログラムがうまく機能するかを実験するのに二十時間もかかったからだ。結局精度がはかばかしく向上しないプログラムをアロンは数年放置した。

中国語のスピーチ・レコグニションのソフトウェアは商品化もされている。だが水準は二〇〇二年段階から大して進歩がない、とアロンは言う。アロンはもっと精度のよい、普通に喋った台湾語の音がそのまま認識されるものにしたいのだ。

最近になってはじめた実験というのは、ファイルを系統立てて与えて、コンピューターを訓練しようというものだ。

アロンは一日に二百のスピーチ・ファイルをコンピューターに与える。そして何種類かのテストをしてスピーチ・レコグニションの欠点を見つけ出していく。すると数日のうちに、コンピューターは少しずつ進歩を見せた。ある条件のもとでなら、アロンが喋る台湾語を聞き取って文字に変換できるようになった。「興奮した」とアロンは、彼にしては珍しく躍り上がるような調子のメールをよこした。

そこでアロンは新たな段階へと進む。六百七十六個の台湾語のシラブルをモデルに使って実験をはじめた。ひとつのシラブルを二十回録音する。一回ごとに音声は微妙に変わるから、その微妙な変化がスピーチ・レコグニションにどんな影響を与えるかを観察する。「今週は五百七十個のシラブルの録音をすませた」とアロンはメールに書いてきた。どんな働きぶりをしているのだろう。まるでいないかのように、あの奥まった仕事部屋にこもりきりなのだろうか。

台湾語は声調が八種類、あるいは七種類あるといわれる。声調の違いを入れれば単音節の種類は三千にもおよぶ。複音節になると声調や音節の組み合わせがもっと増えるから五万種類にもおよぶ。これらはテキスト・トゥ・スピーチのデータベースにすでに入れられている。だがスピーチ・レコグニションには、これ以外にも三万以上のスピーチファイルを使用している。

テキスト・トゥ・スピーチとスピーチ・レコグニションと、それに理解のシステムをつなぎ合わせたら、コンピューターはもっとめざましい働きをすることだろう。こういうのをつまり、人工知能というのだろうか。私にはとても充分には理解できない。だがアロンの頭のなかには、その先のイメージがたぶんかなり明確にあるのだろう。早く見てみたい。

台湾ローマ字版と教会ローマ字版

しばらくすると信州の家に、アロンから書留郵便が届いた。中身はアロンの辞書だ。引っ越のために、私がしばらく台南へは行かれないだろうと見越してのことだろう。いままではCDがバージョンアップされていれば、私がアロンの家に行って使い方を教えてもらい、それを日本へ持ち帰って保存していた。こんどは自分で使い方を試してから、棚に収めておくことになる。

開けてみると改訂版にはふたつのバージョンがあった。ＰＯＪ（教会ローマ字）バージョンとＴＲＯ（台湾ローマ字）バージョンだ。台湾では台湾語のローマ字表記が何種類か使われていて、それぞれが自分たちの表記のよさを主張して、なかなか統一されない。そこで教育部（文部省）が検討を重ねたうえでＴＲＯという表記を発表し、それに統一したいという意向を示した。それでもまだ数種類の表記法が混在している。

ふたつのバージョンを見ながら、なるほどと思う。こうすれば表記法をめぐる論争を避けることができる。表記法論争に巻き込まれたら、アロンの仕事は進まない。だからアロンは自分のプログラムをつくるときには、自分だけの独自の表記法を使っている。声高には主張しないが、その表記法が最善だと思っている。しかし学者でもなく政治力もない人間の主張には、耳を傾けてくれる人などいない、とアロンは端《はな》から諦めている。かといって、表記法をめぐる論争ごときで足踏みしているわけにはいかないではないか。

そこでアロンは自分の考えた表記法をメディアランゲージとして、それを仲介にして数種類の表記法へと簡単に転換できるシステムをつくった。素晴らしいではないか。コンピューターは使いようによって、争いごとさえ無にしてしまうことができるのだ。

新しいバージョンは、ジャパニーズ・ウィンドウズでもうまく機能するようにした、とアロンはメールで知らせてきた。チャイニーズ・ウィンドウズとジャパニーズ・ウィンドウズのあいだには互換性がない。アロンの辞書はチャイニーズ・ウィンドウズのパソコンでつくりあげている。だから前回までは、アロンにみっちり使い方を教えてもらって帰って来ても、私のパソコンでアロンの辞書を使用するにはかなりの手間と手順が必要だった。いろいろ試行錯誤した挙げ句に、どうにか使えるようになるまで一週間ほどかかったような気がする。

その間アロンからはメールやスカイプでさまざまな指示が送られてきた。アロンはこと自分の辞書に関しては、飽きるということを知らない。一度やり取りをはじめると、ああでもないこうでもないと二時間ぐらいにおよぶのはざらだった。だからいつも早寝早起きの私が、つい十二時過ぎまで夜更かしをして、やっと寝ついたものの一晩中訳の分からぬ悪夢にうなされたりした。ふだんやり慣れないコンピューターのこまごました操作や、コードの入力などという難しいことをしたせいだ。

結局前回は、アロンに言われるままに恐る恐るアドミニストレーションの機能を解除した。つまり、アロンの辞書に関するかぎり、コンピューターが判断して出す指示は無視して、私の指示通りに動け、と命令したわけだ。そしてやっと問題なくアロンの辞書が使えるようになった。

さて今回はチャイニーズ・ウィンドウズともジャパニーズ・ウィンドウズとも互換性のあるイングリッシュ・ウィンドウズでＰＯＪとＴＲＯのバージョンを仕上げたという。

まずパソコンにＣＤを挿入してみる。緊張してみつめていたのだがうまく動かない。たぶん、古いバージョンのプログラムが入っているせいだ。それをアンインストールする方法は知っている。だが私はいまはやりたくない。執筆中の原稿のためのデータがたくさんパソコンに入っているからだ。ここで不具合が起きてパソコンが動かなくなったりしたら、万事休すだ。後悔してもはじまらないのだ。

それでもやはり私は、新しいバージョンを早く見たくてたまらない。そこで夫にパソコンを使わせてくれと頼んでみる。パソコンの習熟度に関しては、私たちは似たようなものだ。だから仕事に支障のないようにと、危ないことには手を出さずに、用心深くパソコンを使うところも似ている。けれど夫もアロンの仕事にはそれなりに関心を持っているから、やってみようかということになった。CDを挿入する。セットアップをインストールする。そしてCDを起動させてみる。

懐かしい水牛の絵が出てくる。クリックすると「チャンシウダンチレ（ちょっとお待ち下さい）」という声が聞こえる。アロンの声なものだから、夫がクスリと笑う。そして明るいブルーに縁取られた画面が出てくる。

台語語音筆記本
Taiwanese Speech Notepad

とタイトルが表示されている。

いままでどおりに操作してみると、単語の音が出てくる。そして文章も読み上げてくれる。音は問題なさそうだ。けれどもウィンドウに表示された漢字に問題がある。文字化けしているのだ。

「どうしちゃったんだ」

と夫は落胆の色を見せる。だが私はこの解決法ならお手の物だ。いままでもこれにたびたび手こずったからだ。パソコンの「地域と言語のオプション」という機能を使って「台湾・中国語（台湾）」に設定すればよいのだ。けれどもこの機能を使うのは、ちょっと面倒だ。設定を変えるたびに、いちいちパソコンを再起動させなければならないからだ。しかもこの機能は、私はかなり頻繁に使うが夫はまったく使わない。

私はそっと画面を終了させ、CDを取り出した。

「なんだ、やっぱりうまくいかないのか」と夫は心底残念そうに言う。いや、やればできるのだ。だがこれ以上は夫のパソコンではやらないほうがいい。そう私は心のうちで考える。もし近い将来に夫のパソコンに何かの不具合が生じた場合には、きっと私のせいにされるからだ。まずはいまの仕事を終え、それから私のパソコンで試してみるしかないだろう。

喋る辞書　書ける辞書

さていよいよその日になった。

まず前のバージョンをアンインストールした。そしてコントロールパネルの「時計、言語、および地域」を選ぶ。言語を「台湾・中国語（台湾）」に設定して、入力方法はアロンとはまったく違うローマ字ピンインを選ぶ。台湾で使われている繁体字を入力するときも、中国式のローマ字綴りを使えるというのはありがたい。私はそういうふうに中国語を学んでしまったのだ。もしピンイン入力ができなかったら、私は古い教科書など引っぱり出して、もうすっかり忘れてしまった注音字母を勉強し直さなければならないだろう。

パソコンを再起動させる。これで、台湾のチャイニーズ・ウィンドウズに近い状態で、私のパソコンが使えるようになった。アロンのCDを入れてセットアップしてから、夫を呼んだ。つぎの機会にもっとよく見たいと言っていたからだ。夫は腰を据えて見物するつもりらしく、珍しく小さい椅子を抱えて私の部屋にやって来た。夫の部屋は、いつでも掃除したてのように整然としている。本棚や窓辺に飾り物などがあり、窓外の景色を見やりながらお茶など飲んだらいい気分だろう。だが私はダメなのだ。机の上はたちまち紙や本が山積みになり、お茶の置き場にも困っている。本棚も本や書類ファイルがこぼれそうに並び、実際ところどころ床にまではみ出ている。そんなふうだから、ふだんは夫は私の部屋には入ろうとはせず、用事があってもドア口ですませる始末なのだ。

パソコンの画面には、水牛の写真があらわれた。クリックすると、「チャンシウダンチレ（ちょっとお待ちください）」といつものアロンの声。そして明るいブルーのメインの画面が出てきた。台湾語のウィンドウに、水牛の写真にちなんだ詩「牛車に乗って」がローマ字と、声調を表す数字の組み合わせで書かれている。マウスで単語をポイントすると、すぐにその音が出てくる。ポイントを一語ずつずらせば、一語ずつ発音される。ポイントと音の時間差はない。

「すごいじゃないか、ちょっとやらせて」と夫はマウスを握り、まず順番に、つぎにはアトランダムにあちこちの単語をポイントする。やはりポイントと音の時間差はない。

「ほう。いったいどうやってつくったんだろう?」と夫は言うが、私に説明できるはずはない。膨大な数の音声ファイルから、なぜすぐに選び出せるのかは分からない。

ローマ字で書かれた台湾語をポイントして音を出す。すると同時に、その下のウィンドウには、その言葉が漢字で表示される。そう教えると夫は、一語ずつ出てくる漢字表記を追い始めた。漢字だと大体の意味は分かるから、夫はおもしろそうに意味を追う。けれども夫は言葉に関してはやかましい。ちょっとでも分からないと、これはどういう意味だ、この字はどういうときに使うのだ、などとしつこく尋ねる。大体分かればいい、という観念はこの人にはないらしい。

「そういうときは、ここを参考にしたら?」と私は右側の二つのウィンドウを指す。上のウィンドウは単語の台湾語と中国語の対訳辞書で、台湾語の単語をポイントすると瞬時にそれが載っている頁が示される。だから前後の似た言葉のなかから、意味を推測しやすい。そしてその下のウィンドウには、都合のよいことにその単語の英語訳が、これも瞬時に表示されるのだ。

夫はもう私をそっちのけにして、あれこれ試している。発音してくれるのは、ローマ字表記の単語だけではない。文章を丸ごとハイライトしてスピーカーのアイコンをクリックすれば、全部読み上げてくれる。

漢字も読み上げてくれる。この場合ももちろん、単語も文章も両方とも発音が出てくる。それればかりではない。

私はインターネットから適当に、漢字で書かれている中国語の文章を選び出した。台湾語ローマ字表記の文章も選び出した。さらに、アロンから送られてきた中国語のメールも選び出した。

「なんだ、メールやネット上の文章まで読んでくれるのか？」と夫は半信半疑の表情だ。

私はアロンの辞書の片隅にある、地球のアイコンをクリックする。するとそれは小さいスピーカーのアイコンになって画面の外に飛び出す。そこで任意に選び出したテキストのなかから数行をハイライトして、スピーカーアイコンをクリックすると、そこの部分が台湾語で読み上げられる。つまり、アロンの辞書にあらかじめ載せられている文章でなくても、ネットやメールやテキストファイルの文章などを、、台湾語で読み上げてくれるのだ。

「これは、おもしろい」と夫は言う。「これは便利だよ。日本語でこういうのができたら、留学生に使わせたいよ」と日頃から留学生の日本語のまずさに手を焼いている彼らしい感想だ。

つぎつぎに試している夫を見ながら、アロンの予測はあたっているかも知れない、と私は思う。アロンは時々こんなことを言うのだ。

「このCDを台湾の子供たちに配ってやれる日が来るといい。子供なら、あれこれ遊びながらどんどん台湾語をおぼえてくれるはずだ」と。

「これを『辞書』と呼ぶのは、まずいんじゃないかな。むしろデータベースだろう」と夫は言い出した。ほんとうだ。このなかに音声、テキストそのほかどれほどの量のデータが詰め込まれているることだろう。

「そうね、アロンは結局『台語語音筆記本』と名づけてるけど」と私はいささかトンチンカンな答えをする。所詮中身の詳細までは分からないのだ。

「どういう意味だ?」

「『台湾語音声ノート』とでも言うのかしら」

「なぜノートなんだ?」とまた夫はしつこく追及する。「筆記本」は「ノート」のことなのだ、などとありきたりの答えをしても彼が納得しないのは分かっている。

そうだ、この辞書はノートの機能もある、と私は思いつく。この辞書には、書き込むこともできるのだ。

台湾語ローマ字表記のウィンドウにはアルファベットと数字で、漢字表記のウィンドウには漢字で、単語や文章を入力する。それをハイライトしてスピーカーアイコンをクリックすれば、それも即座に発音してくれる。アルファベットを書き間違えたら、そこは発音されずに赤い文字に変わるから、スペルチェックの機能もあることになる。

「へえ、じゃあぼくの名前を入れてみて」と夫は言う。彼は漢字の中国語式入力法は知らないのだ。彼の名前を台湾語漢字表記のウィンドウに入力する。発音させてみる。

「フマキッカン」と音が出てきた。私たちは思わず笑い出す。そしてさらに唐詩の一節、人名、地名、などとつぎつぎに書き込んで発音をさせた。

しかも、この辞書に入力したり発音させた文章などは、保存しておくこともできる。この保存機能まで使えば、学習していくには非常に便利だろう。

その日の夜、アロンにスカイプで報告をした。CDは問題なく使えた、と。アロンは細かいことを、あれはどうだったか、これはどうだったかと尋ねた。そして挙げ句に、ほんとうにちゃんと使えたらしいね、と安堵のようすだった。

CDはアメリカやカナダのIT関係の知り合いや、プログラマーの友人などにも送ったが、感心してくれる人が多いという。

あっ、それから、とアロンはつけ足した。息子が休みで家に帰って来たんだけれど、実に熱心にCDをあれこれ試している。どうやらこの先の改良を、彼に引き継げるかも知れないよ、と。

アロンの息子は兵役を終えたのちもしばらく迷った末、言語学をもっと学ぶことに決めて、大学院に入ったのだ。父親の仕事を、幼いときから身近で見ていた彼だが、それだけにその仕事への興味や愛着と同時に、競争心や反発もあったことだろう。アロンの仕事は、この先も気の遠くなるような量の作業が待っている。最近ではさすがのアロンも、いつまで仕事ができるだろう、と弱音を漏らすこともあった。何しろ永久に続くデバッグだ。ひとりでやりきるのは無理だ。

父親の静かな情熱を感じ取ってきた息子が引き継いでくれるというなら、ほんとうによかった、と私は思う。だがその私は、アロンの辞書を使うためにはもっと台湾語を磨かなければならない。なぜならアロンの辞書は、台湾語を喋れる人がそれをすらすら書けるように、を目指したものだからだ。私は台湾語の学習に、数種類のテキストを使っている。最も使いやすく便利なのは、実はアロンと激しい論争を交わしたことのある人の著書だ。二番目に重宝しているのは、アロンも尊敬する人の著書だ。だからアロンに台湾語について質問をする場合は、後者から例を引くことにしている。

あとがき

私が台湾映画に出会ったのは一九八〇年ころのことだが、その後台湾映画の上映や紹介にたずさわり、そして台湾にまつわるノンフィクションを書いてきた。だから私の心のなかには台湾がずっと大きい位置を占めていた。けれどそればかりでなく、私はこの間に、生まれ故郷・台南と幸福な再会を果たしたような気がしている。

それができたのは、バーチャルな隣人とでも言うべきアロンという人を得たおかげかも知れない。十五年ほど前にパソコンを使いはじめたとき、私はパソコンを試したいがために、友人のなかからメールの相手を探した。その一人が、数年前に台南で会ったコンピューター・プログラマーのアロンだった。彼は初心者の私にパソコンのことをあれこれ教えてくれるばかりか、台湾や台南に関するさまざまな事柄を書き送ってくれた。メールのやり取りをしながら、私はしばしばまるで彼と隣人同士であるかのような気分を味わった。

アロンからのメールにはほとんど毎回、身辺雑事のような調子で書き添えられている事柄があった。それは彼の母語である台湾語に関することだった。台湾語は美しい言葉だ、と彼は言う。しかしかつて戒厳令下のころ、台湾人の総統が誕生するなど予想もできなかった時代に、彼は台湾語が消滅するかも知れないという危機感を抱いた。ならばせめて台湾語を保存したいと願い、彼はそのための作業をはじめて、それを続けてきた。けれど私は、長い間そのたぐいの記述を軽く読み過ごしてしまっていたようだ。

その忘れかけていた数行ずつの情報がひとつの塊《かたまり》となって、私のなかで鈍い光を放ちはじめたのは、アロンが製作したCD「台語語音筆記本（台湾語音声ノート）」を実際に手にしてからのことだ。アロンに使い方を教わって自分のパソコンで画面を開くと、私はつい夢中になって時を忘れた。それは通常の辞書の機能をはるかに越えていた。単語をポイントするだけで、台湾語が中国語・英語に瞬時に翻訳され、しかも台湾語の発音が、単語だけでなく文章丸ごと出てくる。そのうえ画面に書き込んで保存し、学習に役立てられる。つぎつぎに単語や音を追いつつ、アロンの長期にわたる膨大な作業と静かな情熱に私は強く胸を打たれた。それであらためて、アロンから聞かされた細切れの話をつなぎあわせ、分からない部分についてしつこく質問してまとめたのが、この本だ。これを書き進めながら私は、台湾と関わってきた自分の道のりを見直すことになった。

私とアロンは、どうやら植民地第二世代としての思いを共有しているようだ。二人とも祖父母や父母が植民地時代に体験した「日本」や「台湾」、そして植民地というものを、何とかしてもっと明確につかみたいのだ。その気持があるから、私たちはこの先もさまざまな話を交わすことだろう。ところでアロンは相変わらずコツコツと、「台語語音筆記本」をより充実させるべく作業を進めているらしい。つい先日、また新たな改訂版のCDが私の手元に届けられた。

二〇一〇年九月

田村志津枝

田村志津枝（たむら　しずえ）
一九四四年、台湾台南市に生まれる。早稲田大学文学部独文科卒業。記録映画製作にたずさわる一方で、ニュージャーマンシネマや台湾ニューシネマなど、多くの映画作品を日本に紹介。字幕製作も担当。
現在、ノンフィクション作家、日本大学講師（映画論、表象文化論）。
主な著書
『悲情城市の人びと――台湾と日本のうた』（晶文社）、＊『台湾人と日本人――基隆中学「Fマン事件」』（晶文社）、『台湾発見――映画が描く「未知」の島』（朝日新聞社）、『はじめに映画があった――植民地台湾と日本』（中央公論新社）、『若山牧水さびしかなし』（晶文社）、＊『李香蘭の恋人――キネマと戦争』（筑摩書房）
＊は台湾で翻訳出版されている。

初めて台湾語をパソコンに喋らせた男
――母語を蘇らせる物語――

二〇一〇年十月二十日　第一版第一刷発行

著　者　田村志津枝
発行者　菊地泰博
発行所　株式会社 現代書館
東京都千代田区飯田橋三―二―五
郵便番号　102-0072
電　話　03(3221)1321
ＦＡＸ　03(3262)5906
振　替　00120-3-83725
組　版　日之出印刷
印刷所　平河工業社（本文）
東光印刷所（カバー）
製本所　ブロケード
装　幀　伊藤滋章

校正協力・迎田睦子
©2010 TAMURA Shizue Printed in Japan ISBN978-4-7684-5631-6
定価はカバーに表示してあります。乱丁、落丁本はおとりかえいたします。
http://www.gendaishokan.co.jp/

活字で利用できない方のための
テキストデータ請求券
『初めて台湾語をパソコンに
喋らせた男』